00 年

22)

BUS STOP
ROUTE NOS. 路線號
6

1994-1998

1996 年

- 龍運及城巴分別獲准經營 12 條及 13 條往返赤鱲角新機場、北大嶼山及港九市區的巴士路線

1998 年

- 新世界第一巴士有限公司(新巴)成立。同年，新巴成功奪得中巴港島區 88 條巴士路線專營權，與城巴平分港島區的巴士服務，而中巴超過半世紀的巴士業務亦告一段落

1999-2003

1999 年

- 北海集團把城巴股權轉讓予英國的捷達集團

2000 年

- 九巴開始接受「八達通」繳付車資，同年引入「路訊通」系統

2003 年

- 捷達把城巴股權轉讓予周大福企業有限公司，從此與屬同一集團的新巴變為姊妹公司

2004-2022

2011 年

- 九巴、新巴和城巴分別推出手機應用程式

2012 年

- 九巴所有非空調巴士(俗稱熱狗)悉數退役

2020 年

- 新創建集團把城巴與新巴股權悉數售予匯達交通

2022 年

- 九巴引入了新一代電動單層巴士比亞迪 B12A，而新巴及城巴更推出全港首輛雙層電動巴士

巴士車型巡禮

九巴 KMB

丹尼士 E50D 空調十二米

丹尼士 E400 空調十點五米

丹尼士 E500 空調十二米

丹尼士飛鏢 E200 空調十點四米

丹尼士 E50H 空調十二米

丹尼士三叉戟空調十二米

丹尼士巨龍非空調十一米

富豪 B9TL 空調十二米

富豪 B8L 空調十二米

富豪超級奧林比安空調十二米

富豪 B7RLE 空調十二米

利蘭奧林比安非空調十一點三米

富豪奧林比安空調十二米

富豪奧林比安空調十一點三米

紳佳 K310UD 空調十二米

猛獅 ND323F 空調十二米

紳佳 K230UB 空調十二米

青年汽車 JNP6122UC 空調十二米

比亞迪 K9R 空調十二米

都城嘉慕非空調十一米

利奧普林
Centroliner N4426
空調十二米

三菱 MK117J 空調九點二米

猛獅 24.310 空調十二米

龍運巴士 LWB

丹尼士 E500 空調十二米

丹尼士 E50D 空調十二點八米

富豪 B9TL 空調十二米

富豪 B8L 空調十二點八米

丹尼士三叉戟空調十二米

丹尼士長矛空調十一點七米

新巴 NWFB

丹尼士 E50D 空調十二米

丹尼士 E500 空調十二米

丹尼士 E50D 空調十一點三米

富豪 B9TL 空調十一點三米

富豪超級奧林比安
空調十二米

丹尼士禿鷹
空調十一米

丹尼士三叉戟空調十二米

丹尼士達智飛鏢空調十點七米

城巴 CTB

丹尼士 E50D
空調十二點八米

馳騰
VSD6121BR1EV
調 12 米

丹尼士 E50D
空調十二米（客車版）

富豪 B9TL 空調十一點三米

青年汽車
JNP6105GR
空調十點五米

丹尼士 E500 空調十二米

AEC Routemaster

富豪奧林比安空調十二米　　丹尼士三叉戟空調十二米

嶼巴 NLB

猛獅 ND323F 空調十二米

猛獅 18.360 空調十二米

猛獅 18.310 型空調十二米

猛獅 NL273 型空調十二米

丹尼士三叉戟空調十二米

青年汽車 JNP6122G 空調十二米

五十鈴 JALLT133 空調

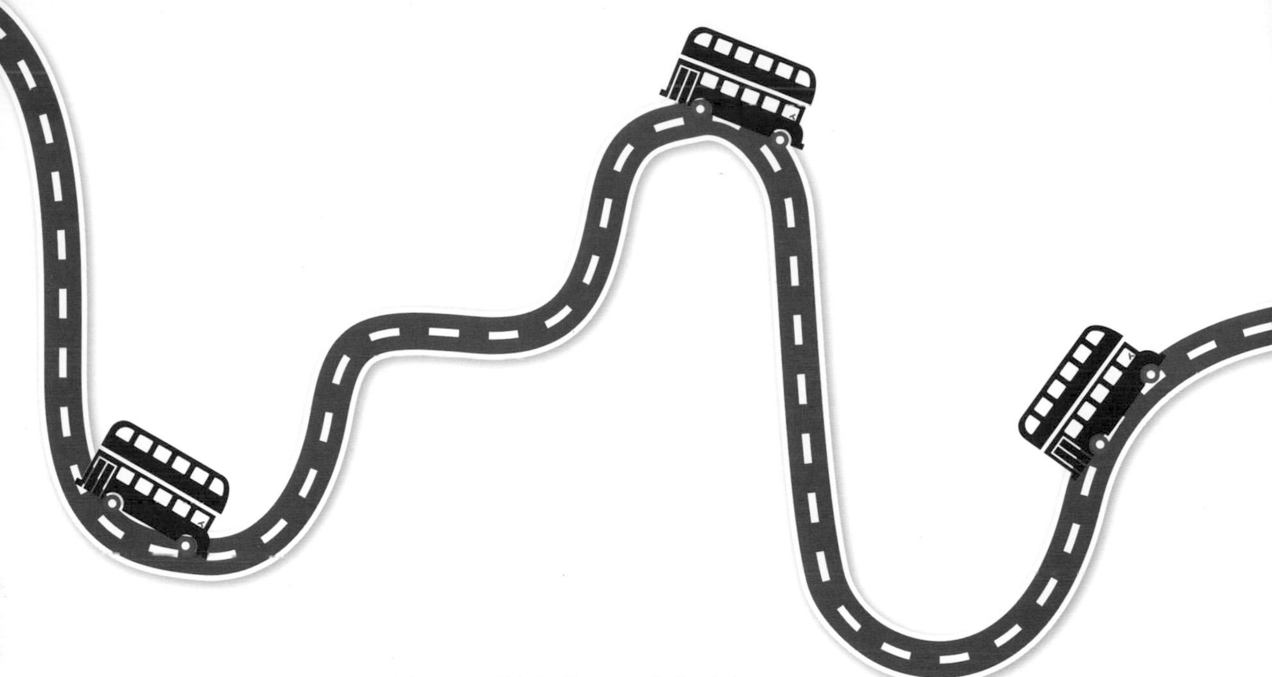

作者序

「香港巴士資源中心」創立於千禧年代，由幾位志趣相投的中學同學建立，網站旨在提供巴士相關資訊。距今網站已是本港主要巴士興趣網站之一，實在有賴各方友好一直以來不吝指教和支持。

不同年代的巴士迷都曾在路上追逐款式各異的巴士，這些年來到底我們追過甚麼？

從「熱狗」（非空調巴士）到「白板」（初代空調巴士），再到「金巴」（低地台空調巴士）、「紅巴」（九巴「城市脈搏」塗裝）和「電巴」（電動巴士），上世紀九十年代至今可謂香港巴士服務急速轉變的時期。新購車款在性能和車廂設計不斷推陳出新，務求令乘客和車長更舒適。我們亦有幸親歷其中，透過文字和相片記錄當中出現過的各款車型。

網站發展經年內容龐雜，今次付梓面市，經緯出版的編輯團隊可謂功不可沒，也希望藉着化繁為簡的介紹，讓大眾了解過去廿年香港巴士的種種轉變，亦記下那個曾經熟悉的香港。

聯絡電郵： hkbric@gmail.com

香港巴士 100 年 (1923-2022)
巴士車型巡禮

第一章 香港五大專利巴士公司

第二章 專利巴士型號分類

第三章 經典巴士車系源流

目錄

第四章 香港巴士車型巡禮

第五章 巴士路線解讀

第六章 巴士車廂配置的演變

第七章 巴士站亭巡禮

第八章 巴士站牌掌故

第九章 巴士迷術語

第一章

香港五大
專利巴士公司

 1.1 九龍巴士（一九三三）有限公司

九龍巴士（一九三三）有限公司是香港現存歷史最悠久的專利巴士公司，於 1933 年成立；主要經營九龍及新界的專利巴士服務，截至 2022 年初經營 441 條巴士路線及共有 4,015 部巴士，是香港最大的專營巴士公司，與龍運巴士是姐妹公司，同屬載通國際控股有限公司旗下。

九龍巴士的前身為九龍汽車有限公司，於 1921 年 11 月 26 日成立。當時開辦了 2 條巴士路線：尖沙咀←→深水埗（現在的九龍巴士 6 號線）及尖沙咀←→九龍城（現在的九龍巴士 1 號線），只有 9 輛巴士行走該 2 條路線。

1932 年 5 月，香港政府重整香港公共交通服務，批出 2 個巴士服務專利權——香港島以及九龍/ 新界，後者由九龍巴士獲得，公司並於翌年合併多間本地巴士公司，成立九龍巴士（一九三三）有限公司。九巴初期營運九龍及新界共 18 條路線，以 106 輛小型單層巴士行走。香港日佔時期 1941-45 年，因所有巴士被日軍徵用，巴士服務幾乎停止。1946 年，九巴以改裝二手軍車及貨車，迅速恢復巴士服務。1949 年，九巴率先引入丹拿 A 型雙層巴士，大大提升載客能力。

（圖片來源：《百年香港分區圖賞》鄭寶鴻編著》）

1966 年的彌敦道。

（圖片來源：kmb.com）

1949 年九巴開始啟用的丹拿 A 型雙層巴士。

1972 年香港海底隧道正式通車，九巴首次開進香港島，為港島區居民提供服務。1980 年 11 月，新鴻基地產（0016.HK）宣布收購九龍巴士在股票市場內的股份，最後持有九巴共 39.5% 的股份，直至現在，仍是九巴的主要股東。

1972 年的香港海底隧道灣仔入口。
（圖片來源：《百年香港分區圖賞》鄭寶鴻編著》）

利蘭奧林比安 11 米版，是九巴第一代空調巴士。

1980 年代，隨着地鐵通車及九廣鐵路電氣化，九巴開闢了大量鐵路接駁路線，並以 K、M 字作結尾以資識別。1988 年，九巴引入首部雙層空調巴士——利蘭奧林比安 11 米空調巴士。直至 2012 年 5 月，九巴終於全面空調化，告別所謂的「熱狗」巴士。

1996 年，九巴全資附屬公司龍運巴士有限公司，獲當時香港政府批出專營權，營辦由新界（將軍澳除外）往來北大嶼山及赤鱲角新機場的巴士路線。1997 年，九巴集團進行重組，九巴、龍運等成員公司成為新成立之九龍巴士控股有限公司旗下的子公司，而九龍巴士控股亦於 2005 年改名為載通國際控股有限公司。

2000 年，九巴開始接受「八達通」繳付車資，同年引入「路訊通」系統，為乘客提供資訊及娛樂，直至 2017 年 6 月停播。而踏進 2000 年代，九巴不斷引入合乎歐盟排放廢氣標準的巴士型號，陸續引入配備歐盟四型、五型、六型引擎的巴士及純電能巴士。另外，在 2011 年開始，手機應用程式「App1933」正式上架，為乘客提供巴士的路線資料及到站時間預報系統等功能，令乘客出行更加便利。

2022 年，九巴引入了新一代電動巴士比亞迪 B12A。相比上一代電動巴士比亞迪 K9R，B12A 載客量多出 16%，達到 81 人，充電速度及續航力亦有所提升。而電動巴士亦是各大巴士公司未來採購巴士的主流。

「路訊通」系統。

比亞迪 K9R 電能巴士。

APP 1933
KMB LWB 車長有請
X42C 往 油塘 長青邨青桃樓 22 分鐘
X42C 往 青衣(長亨邨) 長青邨青桃樓 8 分鐘
43A 往 石籬(大隴街) 長青邨青桃樓 13 分鐘
43A 往 青衣(長宏邨) 長青邨青桃樓 1 分鐘
948 往 銅鑼灣(天后) 長青邨青桃樓 15 分鐘
948 往 青衣(長安邨) 長青邨青桃樓
249M 往 美景花園(循環線) 美景花園 13 分鐘
42A 往 佐敦(西九龍站) 長青邨青桃樓 1 分鐘
往 青衣(長亨邨) 1
主頁 收藏 搜尋 九巴會員 即時對話

「App1933」手機應用程式。

2022年引入的新一代比亞迪電能巴士。
(圖片來源：kmb.com)

1.2 龍運巴士有限公司

龍運巴士有限公司成立於1992年3月，是九龍巴士的姊妹公司，同屬載通國際旗下公司。龍運巴士是香港第四大的專營巴士公司，截至2020年底，旗下共有241部巴士行走38條路線，主要服務香港國際機場、亞洲國際博覽館及東涌來往新界區大部分地區（西貢區除外）的巴士路線，亦和城巴聯營東涌至機場後勤區及迪士尼樂園的巴士路線。

E31是龍運首條巴士路線。

龍運巴士最初是九巴的全資附屬機構，主力競投赤鱲角新機場及北大嶼山巴士路線的經營權。1996年10月，港府正式批准龍運巴士以上地區共12條路線的專營權，並於翌年5月，開啟首條巴士路線E31，往返東涌市中心與舊荃灣碼頭。往後，龍運巴士多條往返機場及北大嶼山的路線亦陸續投入服務。

龍運巴士經營之初，因遇上亞洲金融風暴，香港經濟下行，所以出現虧損情況。但隨著經濟復甦及東涌人口增加，營運開始改善。龍運巴士轄下路線分為A線（往返機場路線）、E線（往返大嶼山北部路線）、S線（大嶼山北部循環路線）、X線（亞洲國際博覽館路線）及R線（迪士尼樂園路線）。

儘管2020年開始疫情持續導致往返機場客量劇跌，但龍運仍然繼續更新車隊，並將部份舊款車輛轉售九巴。

1.3 城巴有限公司

城巴成立於 1977 年 8 月，由英國人李日新先生（Lyndon Rees）創辦。城巴是香港第二大專營巴士公司，分別獲兩項路線專營權，包括專營權一（香港島及過海巴士網絡）及專營權二（機場及北大嶼山巴士網絡），服務範圍甚至比九巴更廣泛。除專利巴士，城巴同時經營非專利巴士業務，為各大企業提供運輸服務。城巴與新巴為姊妹公司，同隸屬匯達交通服務公司旗下，現時經營的專利巴士路線約 120 條，專利巴士超過 1,030 輛。

城巴前身為「Passenger Transport Services（Asia）Limited」（簡稱「PTS」），主力經營非專利巴士服務。1983 年，PTS 正式易名為城巴有限公司。1987 年，城巴被北海集團收購，成為旗下成員。

由於擁有港島區專利巴士路線經營權的中華汽車有限公司（中巴）服務水平每況愈下，1991 年 9 月，城巴投得首條港島區專營巴士路線 12A，往來金鐘（添馬街）及麥當勞道，正式成為專利巴士公司之一。1993 年及 1995 年，城巴繼續取代中巴經營另外 42 條巴士路線。1996 年，城巴再獲 13 條連接香港國際機場、東涌新市鎮及港九市區路線的專營，同時集專營權一（香港島及過海巴士網絡）及專營權二（機場及北大嶼山巴士網絡）於一身。

1993 年及 1995 年，城巴取代中巴的 42 條巴士路線，是公司發展的里程碑。

1998 年 9 月，中巴正式結業，城巴再獲其中 12 條路線的經營權，而其餘的 88 條路線則由新世界第一巴士有限公司（新巴）奪得。1999 年，由於城巴母公司北海集團財困，便把城巴股權轉讓予英國上市的捷達集團（Stagecoach Holdings PLC）。2003 年，捷達集團再把城巴股權轉讓予周大福企業有限公司。從此，城巴與新創建集團（同屬周大福集團）旗下的新巴「化敵為友」，變為姊妹公司。

2003 年，城巴與新巴由敵手變為姊妹公司。

2020 年，新創建集團宣布悉數出售城巴及新巴業務予匯達交通服務有限公司（Bravo Transport Services Limited）。而城巴與新巴雖屬同一集團，資源共享，卻獨立經營。2021 年疫情期間，城巴繼續擴展業務，開拓多條路線，服務範圍包括新界東、新界西、北區及屯門。

城巴是唯一獲批兩個專營權：專營權一（香港島及過海巴士網絡）及專營權二（機場及北大嶼山巴士網絡）的巴十公司。

除專利巴士外，公司同時經營非專利的巴丄租賃服務。

1.4 新世界第一巴士有限公司

新世界第一巴士有限公司成立於 1998 年，是香港第三大的專利巴士公司，與城巴為姊妹公司，同屬匯達交通服務有限公司旗下。

新巴現時經營 93 條路線，車隊數目接近 700 輛。公司主要營運港島巴士路線，與及來往港島、九龍和新界的過海路線，亦有營運西九龍及將軍澳的路線。

1998 年，新巴獲得原屬中巴的港島區 88 條巴士路線專營權。

新巴原本由香港新世界發展有限公司（0017.HK），與及英國最大地面運輸機構第一集團（FirstGroup Plc），於 1998 年聯手創辦，為了競投原屬中巴，並即將結束的港島區 88 條巴士路線專營權。由於新巴在香港沒有經營其他公共交通服務，又承諾購買中巴所有舊巴士，接收中巴所有員工，最終脫穎而出獲得專利，與城巴一同經營港島區所有的巴士路線。

1999 年，新巴成功把巴士服務延伸至將軍澳。

新巴接手中巴的路線後，服務水平大大提高，乘客量亦有顯著增長。1999 年，新巴成功投得將軍澳一組路線經營權；2001 年，新巴再獲得西九龍一組路線經營權。

2000 年，第一集團把新巴股權悉數轉讓給新世界發展，新巴雖與第一集團再無關聯，但公司名稱仍保留「第一」兩字。2003 年，周大福企業有限公司（新世界發展母企）向捷達集團（城巴母企）購入城巴所有股權。從此，城巴與新巴「化敵為友」，變為姊妹公司。 2016 年，城巴及新巴再被周大福企業同系之新創建集團收購，成為旗下的全資附屬公司。

2020 年，新創建集團以 32 億港元出售城巴及新巴業務予「匯達交通服務」（Bravo Transport）。新創建集團雖已退出新巴所有業務，「新世界」和「New World」字眼仍獲保留。

新創建集團雖已退出新巴所有業務，但公司名稱仍獲保留。

1.5 新大嶼山巴士（一九七三）有限公司

新大嶼山巴士有限公司成立於 1973 年，是繼中巴及九巴後，第三間專營巴士公司，亦是現時全港五大專營巴士公司中規模最細的一間，屬冠忠巴士集團成員。

嶼巴現時經營路線共 32 條，車隊巴士共 150 輛，服務範圍主要是大嶼山，也有經營元朗、天水圍來往深圳灣口岸的路線。1973 年前，大嶼山本有三間巴士公司，但因為競爭過度，持續虧蝕，最終於 1973 年 4 月 1 日合併為新大嶼山巴士（一九七三）有限公司，並獲政府授以大嶼山的巴士專營權。

嶼巴被冠忠巴士集團收購後，便鋭意發展東涌新市鎮路線。

嶼巴最初的路線，大部分都以梅窩碼頭作為起訖點，往返島內大澳、昂坪及長沙各地。1992 年 1 月，冠忠巴士集團以 4,000 萬港元全面收購嶼巴。隨著新機場、青馬大橋、港鐵東涌線及東涌新市鎮落成，大嶼山人口激增，嶼巴亦鋭意開拓東涌新市鎮至大嶼山各區的路線，包括於 1997 年 6 月 1 日開通來往東涌至梅窩的通宵路線 N13；與及 1998 年 7 月 6 日，開通來往機場至梅窩的 A35。

2001 年 1 月，嶼巴開辦由紅磡碼頭往昂坪寶蓮寺的 1R 假日特別路線，成為嶼巴第一條服務範圍超越大嶼山以外的路線。2007 年 7 月，嶼巴的 B2 線開通，連接深圳灣口岸及元朗，是嶼巴首條起點與終點都在大嶼山以外的巴士路線。

B2 線是嶼巴首條起點與終點都在大嶼山以外的巴士路線。

2018 年 10 月，嶼巴的 B4 及 B6 正式開通，分別由機場及東涌滿東邨往港珠澳大橋香港口岸。2019 年 1 月，因應梅窩的人口不斷增加，嶼巴把連接梅窩至東涌的 3M 線，加入雙層巴士行走，是自 1995 年後，再次有雙層巴士行走南大嶼山路線，而該線的載客量亦得到提升。

第二章
專利巴士型號分類

2.1 香港巴士品牌概略

有別於其他車輛，大型巴士車身與底盤可以是同一車廠，也可以是分別裝嵌。巴士車身（Bus Body）是巴士的外殼，包括座椅、照明及空調系統。巴士底盤（Bus Chassis）是指車底的主框架，包括引擎、懸掛系統及油缸等提供動力的組件。而供應香港巴士的三大車廠—亞歷山大丹尼士、富豪巴士及猛獅，都是同時生產底盤和車身的。

80 年代之前，受制於英國殖民地政府的條例所限制，本港專利巴士公司只能夠購買英聯邦國家或地區的產品，引入的有亞比安（Albion）、丹拿（Daimler）、丹尼士（Dennis）、福特（Ford）、佳牌（Guy）、利蘭（Leyland）、都城嘉慕（Metro-Cammell Weymann, MCW）等英聯邦品牌，中巴更曾於 1974 年從印度引入巴士。

上世紀 90 年代前，香港偶會從外地輸入二手巴士。

惟自 1984 年有關條例放寬以來，歐洲其他國家如瑞典的富豪（Volvo）和紳佳（Scania）、德國的平治梅斯特斯（Mercedes-Benz）、猛獅（MAN）和利奧普林（Neoplan），以至日本的三菱（Mitsubishi）、日野（Hino）、豐田（Toyota）和五十鈴（ISUZU）等，亦相繼進軍本港專利巴士市場分一杯羹。

近年多間來自內地，特別是製造電動車的車廠，包括比亞迪（BYD）、青年汽車（Youngman）、宇通（Yutong）及山東沂星（Shandong Yixing）等也逐漸成為專利巴士公司，購入單層巴士的選項。

三分天下局面

　　經過由上世紀 80 年代末開始的連場收購及併購潮後，利蘭連帶在 50 至 60 年代收購的 AEC、亞比安、丹拿及佳牌等。在 1988 年，利蘭被富豪收歸旗下，繼續為香港供應不同型號的巴士。

利蘭曾是英國巴士大廠，但在 1988 年被瑞典富豪吞併。
（圖片來源：www.londonbusmuseum.com）

　　而丹尼士亦已經與亞歷山大車身製造廠合併為亞歷山大丹尼士（Alexander Dennis）。至於曾為本港巴士提供車身零件的 Plaxton 及都普（Duple-Metsec），亦先後於 1995 及 1998 年併入前丹尼士的母公司 Mayflower Corporation，其後雙雙併入亞歷山大丹尼士。

（網上圖片）

　　至此，香港的主要巴士供應商，便成為富豪、亞歷山大丹尼士及猛獅三分天下的局面。

　　在巴士車身方面，因應本港潮濕氣候需要選用大面積車窗來改善車內通風，大部分後置引擎設計的非空調巴士車款皆選用亞歷山大（Walter Alexander）車身製造廠。隨著後來空調巴士漸成主流，與及放寬只能購入英聯邦品牌的限制，車身選項變得多元化。千禧年後計有來自澳洲的傲群（Volgren）、馬來西亞的順豐（Gemilang）及瑞典的 Salvador Caetano 打入本港專利巴士市場。此外，本地亦有多間車身製造廠，例如亞洲（Asia）、中港（China Kong）及捷聯（Jit Luen）等品牌。

Walter Alexander 車身製造廠。（網上圖片）

2.2 香港巴士的身份證──巴士編號

每位香港居民有身份證證明身份，每輛香港巴士亦有獨一無二的編號。起初本港兩間巴士公司——中巴及九巴，均未有為旗下巴士編號分類。主要原因是基於當時政府已為巴士提供獨立車牌組別，單從車牌已可以輕易分辨出巴士的身份。

及至 60 年代，兩間巴士公司才陸續為新引入的車型進行編號，為每部巴士在車牌號碼以外提供另一種身份記認，而編號的方式主要分為數字及英文字母兩種。除了九巴及嶼巴全數採用字母分類外，其餘巴士公司均採用數字分類（中巴、新巴及龍運兩種分類均有採用，城巴則僅於早期採用字母分類，後改為數字）。

在字母分類方面，分類方式主要是取決於製造商的名稱以及其長度或性質分類。以九巴為例，二手的 AEC 巴士便被編為「2A」，而二手的利蘭（Leyland）亞特蘭大巴士則被編為「2L」；又例如利蘭奧林比安兩軸巴士被編為「BL」，而利蘭奧林比安 12 米巴士則被編為「3BL」，再後來引入的 11 米版本則被編為「S3BL」。而不少富豪（Volvo）出品的車型，其車隊編號都會包括「V」字以供識別。在字母的編排之下，個別車型的製造商及其屬性都可以被區別出來。

通常車身編號都印在巴士擋風玻璃右下方，例如 3ATENU140，「3ATENU」代表車型為丹尼士 E50D 型空調 12.8 米，「140」即是同型號的第 140 架。

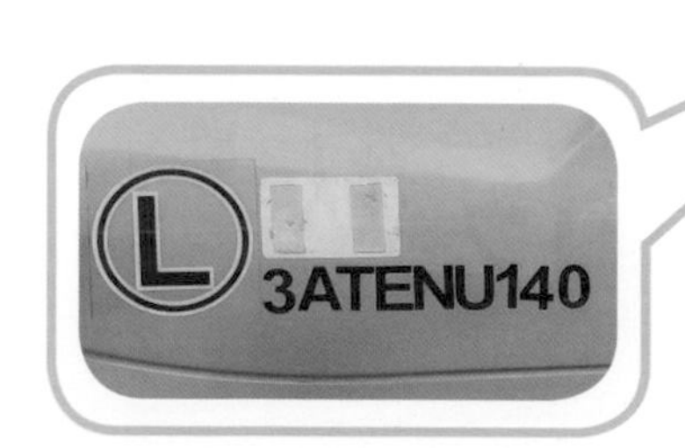

至於數字分類方面，主要是根據車型的引入先後次序，再編上不同系的數字作為車型編號。例如龍運車型編號便是以 3 位及 4 位數字為主，而新巴則以 4 位數字編號，例如 #2000 系為單層巴士，#4000 系則為車長 11.3 米的雙層巴士等等。

而城巴的編排方式就較為複雜，起初不設分類順序排列（即 #19 和 #20 可以是兩種截然不同的車型），後來才陸續編予系數。至於九鐵與城巴大致相同，在 1990 年前引入的巴士，其車隊編號都是順序編號，後來才陸續編上系數並由 #200 系開始。其後，每當新車型引入便會新開百位數字系數，如接後引入被編為 #300 系、#400 系等如此類推，直至港鐵仍然沿用有關做法。

主要車型及字母分類（九巴）

字母分類	車型	車型總數
AMNE, AMNF	猛獅 ND323F/ND363F 型空調十二米	22 部
ASB, ASC, ASCU	紳佳 K230UB 型空調	50 部
ASU, ASUD	紳佳 K280UD / K310UD 型空調十二米	24 部
ASV	富豪超級奧林比安空調十點六米	100 部
ATE, ATEE, ATEU	丹尼士 E500 型空調十二米	375 部
ATENU, E5T, E5L,E6T, E6X, 3ATENU	丹尼士 E50D 型空調十二/ 十二點八米	2,162 部
ATSE	丹尼士 E400 型空調十點五米	51 部
AVBE, AVBW, AVD	富豪 B9TL 型空調十二米	160 部
AVBML, AVBWL, V6B, V6P, V6X	富豪 B8L 型空調十二/ 十二點八米	323 部
AVBWU, AVG, 3AVBWU	富豪 B9TL 型空調十二/ 十二點八米	802 部
AVW, 3ASV	富豪超級奧林比安空調十二米	592 部
E6M	丹尼士 E50D 型空調十一點三米	125 部

※ 截至 2022 年 5 月底，包括二手車輛，但不包括提早退役及未出牌車輛

除了車身編號，巴士車身還有一個圍上紅圈的英文字，分別是 L、K、U 及 S， 每個英文字代表屬於哪一間巴士車廠。

L	荔枝角及青衣廠
K	九龍灣及將軍澳廠
U	屯門、元朗、天水圍廠
S	沙田、火炭、大埔及上水廠

九巴沙田車廠。

2.3 一輛巴士的誕生

由於本港一直欠缺巴士製造商的關係，因此本港所有的巴士都是外地引入的產品。絕大部分的巴士都是經過水路抵港，成本較低的做法，是先從外地以水路運送巴士底盤來港，然後在本地裝嵌車身；或運到內地裝嵌車身後再送到本港，裝嵌車身的時間，大約需時 20 天至一個月；而成本較高的做法，就是在海外首先進行裝嵌（如馬來西亞），然後將整部巴士運送來港。有些時候車身裝嵌地並非底盤出產地， 兩程水路使購入巴士成本進一步上升。

由 1990 年代起，本港巴士公司更開始將巴士裝嵌的工序，由本港轉移至內地並外判予裝嵌廠處理，成本連同運費，甚至較本地裝嵌為低。 2009 年，九巴位於屯門的車身裝嵌廠亦不再為旗下巴士進行本地裝嵌，標誌本港大部分的新巴士，將傾向採用外地底盤、內地裝嵌的方式。

在購入二手巴士方面，早年在 1970 年代，為了解決巴士製造商無法即時投產大量新巴士，因而面臨的車輛短缺問題。巴士公司曾向英國巴士公司購入二手巴士再在本港行走，甚至早年城巴車隊有不少英國二手巴士。但由於二手巴士早有折舊，可服務的年期亦大減。近年巴士公司已經鮮有購入二手巴士行走，大部分都只屬本地巴士公司之間的車隊換購。

此外，有時巴士製造商為了將新車型打進本港市場，會直接或透過在港代理商，向本港巴士公司以免費或以象徵式收費提供樣版車試驗。這種試驗包括讓車輛載客行走進行路試。

在收集了司機及工程部的意見後，巴士公司會決定是否大量採購相關車輛，或向生產商反映意見，要求改善車輛才引入。因應本港山多路窄的特殊路面環境，巴士公司更會主動接觸生產商度身訂造車輛。例如城巴便曾於 1994 年從富豪車廠購入全球唯一一款車長 10.4 米的雙層巴士，以適應南區途經地勢陡峭、多彎路窄，但具有一定乘客需求的路線。

在巴士完成裝嵌之後，該車型的首部在港巴士將會被送到運輸署驗車中心驗車，測試巴士的負載傾斜能力，從而確定巴士的載客量，並鉅細無遺地登記巴士的體積、座位編排、可負載重量、引擎型號、波箱型號、配置車身等等。而該型號的第二部巴士開始，除另有改動外，均無需再往驗車中心驗車。

第三章
經典巴士車系源流

奧林比安車系

奧林比安車系（ Leyland / Volvo Olympian ）

奧林比安車系最初由英國利蘭（ Leyland ）出品。利蘭這個品牌，前身可以追溯至 1896 年成立的蘭開蒸氣車公司（ Lancashire Steam Motor Company ），以生產蒸氣驅動的車輛起家。至 1905 年改組為利蘭汽車（ Leyland Motors ），開始生產柴油驅動的車輛。而香港首款利蘭生產的巴士，同時亦為首款九巴及中巴共同擁有的車型，便是早於 1926 年引入，由利蘭生產的 PLSC 獅子型巴士。而利蘭汽車在第二次世界大戰之中，更為英國生產無數軍用車輛，甚至曾生產坦克為前線使用。戰後 50 至 60 年代，利蘭陸續收購其他英資汽車生產公司，成為英國最大的汽車生產商，佔去英國汽車市場上要份額。

利蘭 PLSC 獅子型巴士。(網上圖片)

在 1968 年，利蘭汽車與英國汽車控股（ British Motor Holdings ）合併為英國利蘭汽車公司（ British Leyland Motor Corporation, BLM ），此時利蘭這個品牌已經集 AEC 、 Thornycroft 、 Park Royal 、丹拿（ Daimler ）、佳牌（ Guy ）等多個生產線於一身。不過，由於併購過急及過快，加上併購後的生產商車款相近，令公司管理複雜，更於 70 年代初陷入財政困局。

1974 年底，英國政府為 BLM 提供信用擔保，並於翌年將公司部分股份國有化，易名為英國利蘭（ British Leyland ）並進行重組，分拆旗下業務，巴士及貨車生產業務則被分拆至路虎集團（ Land Rover Group ）旗下。而奧林比安車系（ Olympian ），就在 1980 年，即分拆業務後不久正式推出市場，亦屬利蘭巴士生產線晚期的得意之作。

奧林比安車系屬利蘭廠方 B45 計劃中的概念車型，上承可以追溯至另一款後置引擎雙層巴士車系利蘭泰坦（ Titan ）。泰坦車系於 1977 年推出市場，屬標準化規格車型，由底盤以至車身均採用廠方指定規格，車身採用英國利蘭旗下的 Park Royal 車身。這種傾向，加上早前利蘭生產另一款標準化規格單層車型廣受市場歡迎，引起了其他車身製造商的憂慮，擔心利蘭車廠的生產模式，會大大影響車身製造商的生存空間。

利蘭 7RT 型巴士。（網上圖片）

為此，部分車身製造商如亞歷山大（ Walter Alexander ）便轉移與富豪（ Volvo ）合作尋求出路。至 70 年代末，英國本土的巴士公司對於非整合式（ non-intergral ）車型，即只提供底盤，不指定車身的需求愈來越愈大，利蘭為了維持英國本土市場的份額，便將泰坦車系改良，並以 B45 計劃生產奧林比安（Olympian）車系，在 1980 年推出市場。

利蘭奧泰坦 B15 型巴士。
（資料來源：www.wikiwand.com）

起初奧林比安只提供兩軸版本，配以 9.56 米及 10.25 米 兩種底盤長度，後來因應市場需要，發展兩軸 11 米版本及三軸版本，主要供應亞洲市場如香港及新加坡。綜觀香港市場的奧林比安車系，全數六款的底盤長度配搭均可在香港找到，雖然如此，但各種長度版本的基本結構仍是一樣，並無太大變化。長度的變化及多樣性便因此成為不同巴士公司購入的原因。

奧林比安車系
（兩軸 9.56 米底盤）

九巴利蘭奧林比安
非空調 9.56 米

奧林比安車系
（三軸 10.4 米底盤）

城巴利蘭奧林比安
空調 10.4 米

奧林比安車系
（三軸 11.32 米底盤）

九巴利蘭奧林比安
非空調 11.32 米

奧林比安車系生產後，所屬公司在 1981 年再被分拆，原有的巴士及貨車生產業務，分拆為利蘭巴士（ Leyland Bus ）及利蘭貨車（ Leyland Trucks ）。至 1986 年利蘭巴士再分拆成為獨立公司，原來的亞特蘭大（ Atlantean ）車系在同年停產，由奧林比安生產線繼續。後來，利蘭在 1988 年被瑞典公司富豪（ Volvo ）收購後，其車系生產線仍然得到保留，一直生產至 2003 年才由超級富豪奧林比安（ B10TL 型）取代告終，但仍保留奧林比安的品牌，足見奧林比安車系的影響深遠。

設計特色

奧林比安車系曾出產兩軸及三軸版本合共 六種不同長度。底盤採用非整合式設計，可配搭不同車身，加上底盤標準化的設計，可因應不同買家需要而發展不同長度，使此底盤廣受英國本土市場以至海外巴士公司買家歡迎。

總結來說，與同期的英國巴士比較，利蘭製的奧林比安車系著實有很多獨特的設計，如兩邊的側架、懸吊式的引擎、半整合的設計使底盤輕量化，這些技術都一直延續至今時今日的新款巴士底盤，絕對是劃時期的產物。

奧林比安在加建車身及地台板後，下層橫排座椅後的空間，便以斜台以低幅度遞升，保持了地台的大致平坦，乘客便無須拾級而上才到達尾排座椅。

奧林比安車系（三軸 11.95 米底盤）（三門版）

九巴利蘭奧林比安非空調 11.95 米

車型規格

底盤資料	（利蘭時期）Olympian
	（富豪時期）Olympian (B10T)
底盤建造	（利蘭時期）Leyland Olympian
	（富豪時期）Volvo
底盤長度	（兩軸）9.56m, 10.25m,11m
	（三軸）10.4m, 11.32m, 11.95m
底盤闊度	2500mm
懸掛系統	氣墊式彈簧
剎車系統	雙路分體式風格
轉向系統	動力輔助
引擎配搭	康明斯（ Cummins ）
	吉拿（ Gardner ）
	利蘭（ Leyland ）
波箱配搭	利蘭（ Leyland ）
	和夫（ Voith ）
	ZF

車身配搭	亞歷山大（ Walter Alexander ）
	Eastern Coach Works (ECW)
	Charles H. Roe Ltd. (ROE)
	Northern Counties / Plaxton
生產年期	（利蘭時期）1980 年 - 1988 年
	（富豪時期）1988 年 - 2000 年

在港通勤概略

利蘭奧林比安車系

九巴利蘭奧林比安非空調 11.3 米
(KMB Leyland Olympian (Non-A/C) 11.3m)

由 1986 年至 1994 年，九巴共購入 470 輛，成為當時公司最多的三軸非空調巴士車型，直至 2003 年起陸續退役。

城巴利蘭奧林比安空調 12 米
(CTB Leyland Olympian (A/C) 12m)

1993 年 9 月，城巴從中巴手上接辦 28 條專利巴士路線，因客量大增，所以購入當時載客量最高的 12 米奧林比安。其後城巴陸續翻新本車型，直至 2015 年完全退役。

富豪奧林比安車系

九巴富豪奧林比安空調 12 米 (KMB Volvo Olympian (A/C) 12m)

九巴於 1993 年訂購首批 50 部，直至 2015 年退役，前後共採購 348 部，由早期主要行走過海路線，其後變為主力服務新界新市鎮。2012 年本車型開始退役，更率先成為首部 12 米空調訓練巴士。

新巴富豪奧林比安空調 11.3/12 米 (NWFB Volvo Olympian (A/C) 11.3/12m)

1998 年新巴從中巴手上接過港島路線專營權時，同時購入 199 部巴士，當中包括 62 部 11.3 米富豪奧林比安空調。2009 年中旬，發展旅遊 H1 及 H2 觀光路線，將旗下 5 部車改裝為開篷巴士，車身髹上人力車圖樣突顯本土風采。

3.2 超級奧林比安車系（Volvo Super Olympian）

超級奧林比安是瑞典車廠富豪（Volvo）的皇牌出品。話說在上世紀 90 年代後期，歐美巴士底盤製造商陸續轉移開發低地台巴士車種。本來，富豪廠方鋭意研發全新低地台巴士底盤，不過研發的速度一直疲憊。眼看其他競爭者例如丹尼士（Dennis）在 1996 年成功開發三叉戟（Trident）車系，以及利奧普林（Neoplan）在 1997 年開發 Centroliner 車系，要在短時間內推出低地台底盤維持富豪在巴士市場的地位，成為了當時富豪廠方的當務之急。

為了盡快將新產品推出市場分一杯羹，富豪廠方決定放棄繼續開發全新底盤，轉移改良現有產品以盡快推出低地台車系應付市場需要。超級奧林比安（Super Olympian）就在這個背景下生產。

富豪廠方最終選擇從奧林比安（Olympian / B10T）車系入手，並套用 12 米版本奧林比安的頭陣連接，重新設計為低地台版本，趕及在 1998 年推出市場。最初超級奧林比安車系只提供 12 米版本，至一年後才加推 10.6 米及 11.3 米版本。有別於原本奧林比安車系的分類，富豪將兩軸版本冠名為 B7TL 型，三軸版本則名為 B10TL 型（又稱 Super Olympian 超級奧林比安），標示出超級奧林比安實在脱胎自奧林比安車系。

超級奧林比安建基於奧林比安車系作研發，重點是令底盤更輕巧。(網上圖片)

超級奧林比安可算是低地台巴士的先鋒。

不過三軸 11.3 米版本自推出以來並未有得到任何買家青睞，因此從未有原型車輛面世。至於三軸 10.6 米及 12 米版本，前者生產共 100 台底盤全數由九巴購入（即 ASV1 - 100）；12 米版本則分別銷售至香港及新加坡市場，現時九巴累計有 592 部（3ASV1 - 492, AVW1 - 100）、新巴則擁有 103 部（#5001 - 5103），當中新巴部份車輛其後轉售至城巴非專利部。

超級奧林比安車系
（三軸 10.6 米底盤）
九巴富豪超級奧林比安
空調 10.6 米

超級奧林比安車系
（三軸 12 米底盤）
城巴富豪超級奧林比安
空調 12 米

超級奧林比安車系
（三軸 12 米底盤）
新巴富豪超級奧林比安
空調 12 米

由於富豪自家亦有研發引擎，故超級奧林比安車系主要配歐盟二期及歐盟三期廢氣排放標準的 D10A-285 引擎；至於車身方面，主要來自亞歷山大、傲群及 Wright 出產的車身。超級奧林比安車系推出市場後 2 年 (即2000 年)，原來的奧林比安車系亦告停產。

不過，超級奧林比安車系的發展亦未有特別延長，至 2002 年富豪成功研發 B9TL 車系，本車型在 2004 年便告停產，由全新設計的 B9TL 型取而代之，完成富豪低地台車型的過渡階段。

車型規格

底盤資料	B10TL（ Super Olympian ）
底盤建造	Volvo
底盤長度	（三軸）10.6m, 11.3m, 12m
底盤闊度	2500mm / 2550mm
懸掛系統	氣墊式彈簧
剎車系統	碟式剎車
轉向系統	動力輔助
引擎配搭	富豪（ Volvo ）D10A-285
波箱配搭	ZF
車身配搭	亞歷山大（ Walter Alexander ）
	傲群（ Volgren ）
	Wright
生產年期	1998 年 - 2004 年

在港通勤概略

九巴富豪超級奧林比安空調 10.6 米 (KMB Volvo Super Olympian (A/C) 10.6m)

九巴在 2000 年購入首批 50 輛，並重新設計車廂，以騰出樓梯後的空間闢出輪椅停泊區，故車廂中部改設橫向座椅，成為九巴唯一一批下層中部設橫向座椅的低地台巴士。該型號在 2019 年初起已陸續退役。

九巴富豪超級奧林比安空調 12 米 (KMB Volvo Super Olympian (A/C) 12m)

九巴在 1999 年開始購入，及後購置接近 600 輛，是當時九巴最龐大的車型。而其中配置 Wright 車身的型號 (AVW)，是全港唯一一批配用直樓梯的超級奧林比安，亦是全港首款廢氣排放標準達歐盟四期的專利巴士車款。

新巴富豪超級奧林比安空調 12 米 (NWFB Volvo Super Olympian (A/C) 12m)

新巴在 1998 年從中巴手上取得港島巴士線專營權後，翌年便引入 40 部 12 米版車輛，先後共購入 103 輛。其中 #5070 成為新巴首批引擎排放標準達歐盟三期的車款，所以車身特意髹上橙色。該型號在 2019 年已悉數退出載客行列，其中一輛退役後改裝為台灣樂隊五月天戶外演唱會保安中心之用。

3.3 丹尼士巨龍及禿鷹車系 (Dennis Dragon / Condor)

丹尼士是英國本土其中一家歷史悠久的巴士生產商，原稱 Dennis Brothers Limited，在 1885 年由約翰丹尼士（John Dennis）及偉文丹尼士（Raymond Dennis）成立。起初以銷售單車為主，後來在 1899 年組裝首部以引擎驅動的三輪車並在英國展出，但卻未正式銷售。1901 年丹尼士正式推出首部四輪汽車，同年約翰丹尼士在英國東南部吉爾福德（Guildford）市中心興建英國首座汽車製造工廠諾寶路大廈（Rodboro Building），發展最高峰時曾為該市最大僱主。

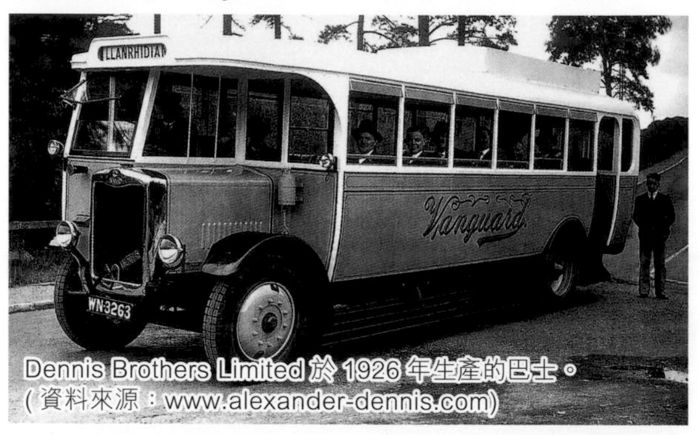

Dennis Brothers Limited 於 1926 年生產的巴士。
（資料來源：www.alexander-dennis.com）

1913 年丹尼士取得英國政府資助並開始主力生產貨車及巴士，放棄原來生產私家車及小型貨車的業務。第一次世界大戰期間，丹尼士應軍方要求生產逾 7,000 輛貨車；一戰後丹尼士進一步發展重型車輛，在第二次世界大戰更為英軍生產 700 輛坦克、4,500 輛軍用貨車及 3,000 輛運兵車，自此奠定丹尼士在英國重型車輛生產商的地位。

Dennis Lancet 型號巴士。（網上圖片）

香港作為前英國殖民地，規定專利巴士公司必須從英聯邦國家購入巴士，遂於 1937 年由九巴引進首部丹尼士製的巴士（Dennis Lancet）。但由於丹尼士早年生產線側重於市政車輛、消防車及重型車輛，巴士生產線相對地並未受到太大重視，車系亦集中針對英國本土市場為主，未見其他生產商例如丹拿、利蘭、佳牌等般積極開拓海外市場。

丹尼士在 1958 年曾推出雙層巴士車款羅拉（ Dennis Loline ），但在香港並未受到青睞，只由中巴在 1962 引入過唯一一部（車隊編號 LW1，車牌 AD4527 ）。羅拉車系亦於 1967 年停產，標誌著丹尼士正式放棄巴士生產業務。隨後再在香港出現的雙層巴士，已經是統治者系列（ Dominator ）。

丹尼士廠方在完成生產羅拉車系後，由於軍用及重型車輛需求銳減，加上其他競爭者加入市場，令原來業務重心經營上出現困難。陷入財困幾年後，丹尼士在 1972 年獲主力經營生產飛機業務的希斯頓集團（ Hestair Group ）併購。1977 年，有見英國本土及英聯邦地區對巴士需求持續強勁，丹尼士廠方終於推出繼羅拉車系後首款巴士底盤 — 丹尼士統治者（ Dennis Dominator ），屬丹尼士回歸巴士生產市場的處女作。

丹尼士回歸巴士生產的同時，不忘將焦點放在路線版圖急速擴張、對新巴士需求殷切的香港市場。在生產丹尼士統治者的同時，丹尼士廠方針對香港需要為九巴度身訂造丹尼士祖比倫（ Dennis Jubilant ），成功取得逾 360 輛巴士的訂單。

丹尼士統治者在另一邊廂也受到九巴及中巴的垂青，作為首款丹尼士製後置引擎巴士，設計上更貼合當時一人控制模式的趨勢。不過，統治者及祖比倫車系畢竟只屬兩軸中型巴士，有見香港龐大的客運量對 11 米以至 12 米大型巴士存在一定需求，在利蘭推出奧林比安車系後，丹尼士也不敢怠慢，隨即建基於統治者車系延伸發展出三軸版本，即是本篇的巨龍及禿鷹車系。因此在本車系的底盤鐵牌仍然見有「Dominator 」字串，反映兩者的連貫性。

巨龍 / 禿鷹車系
（三軸 11 米底盤）

九巴丹尼士巨龍
非空調 11 米

巨龍 / 禿鷹車系
（三軸 11 米底盤）
新巴丹尼士禿鷹
空調 11 米

巨龍車系
（三軸 12 米底盤）
九巴丹尼士巨龍
空調 12 米

巨龍車系
（三軸 12 米底盤）
城巴丹尼士巨龍
空調 12 米

事實上巨龍及禿鷹兩字同指本車系，只是由於「巨龍」此名有迎合九巴（九龍巴士）之意，讓中巴採購時頗有微言，丹尼士後來將車系冠以另一稱號「禿鷹」與「巨龍」分庭抗禮，但實際在底盤及配置上並無任何改動。

細心留意的話，會發現本車系只有極少數車輛配上亞歷山大車身，除了 5 部樣版車其中 4 部（九巴 3BL1 - 3、中巴 DL2 ）配上亞歷山大車身之外，絕大部分巨龍及禿鷹都配上都普（ Duple Metsec ）車身。事緣 1980 年都普收購在 1931 年成立的 Metal Sections 車身製造廠後，不久就因為市場急劇競爭陷入財困，1983 年丹尼士收購瀕臨破產的都普延續其車身生產業務，為當時丹尼士旗下不少車系繼續提供車身裝配。本車系亦成為本港繼奧林比安之後第二大車系，至 1997 年停產前合共引入逾 1,600 部，當中約 60% 為空調巴士，可見本車型對於 80 年代末至 90 年代中期香港空調巴士的發展有舉足輕重的影響。

車型規格

底盤資料	（九巴） Dennis Dragon-Dominator
	（中巴） Dennis Condor-Dominator
底盤建造	（ 1989 年前） Hestair Dennis
	（ 1989 年起） Dennis Specialist Vehicles
底盤長度	（三軸）9.7m, 11m, 12m
底盤闊度	2500mm
剎車系統	雙路分體式風格
引擎配搭	康明斯（ Cummins ）
	吉拿（ Gardner ）
	波箱配搭
	和夫（ Voith ）
	ZF
車身配搭	亞歷山大（ Walter Alexander ）
	都普（ Duple Metsec ）
生產年期	1981 年 - 1997 年

在港通勤概況

九巴丹尼士巨龍非空調 11 米 (KMB Dennis Dragon (Non-A/C) 11m)

該車型自 1986 年開始供九巴使用，先後共購置 370 輛，數量可算龐大。期間最大的改良，就是減少了下層的企位，與及在上下層配備了鮮風機。進入千禧年，巴士全面空調化，該型號開始逐步退役，成為香港人集體回憶。

新巴丹尼士禿鷹 / 巨龍空調 11/12 米 (NWFB Dennis Condor/Dragon (A/C) 11/12m)

新巴從中巴接過港島區巴士線專營權時，同時從中巴購入 199 部巴士，當中包括 92 部 11 米丹尼士禿鷹空調巴士 (DA1 - 92)。其後新巴把巴士車廂翻新，改用二加二獨立座椅編排，與及更換冷氣出風口，以統一旗下車隊形象。

九巴丹尼士巨龍空調 12 米 (KMB Dennis Dragon (A/C) 12m)

為配合提升屯門、元朗及天水圍對外路線至全空調巴士服務，九巴於 1996 年訂購 170 部巨龍空調 12 米巴士。可惜該車型的攀爬表現欠佳，轉向能力亦備受詬病，所以九巴沒有再增購該型號，並於 2016 年 7 月悉數退役。

3.4 丹尼士三叉戟車系（Dennis Trident III）

丹尼士廠方在 1996 年研製出三叉戟（Trident）車系，無獨有偶，在此之先，其實車系發展史上仍然師承統治者（Dennis Dominator）系列。

丹尼士在 1977 年推出統治者車系後，於 1981 年按照統治者的底盤設計照辦煮碗推出獵鷹（Falcon）車系。獵鷹車系與統治者車系在底盤設計上大致相同，兩者頭陣至尾軸設計可謂完全一樣，但尾跨設計則有所改良，容許裝設直立式引擎及配備和夫（Voith）波箱，為這款車型加裝空調系統奠下基礎，後期的 H 系及 HC 系更可以讓引擎採用類似奧林比安車系的懸吊式引擎並應用吉拿（Gardner）引擎。

九巴也曾於 1985 年引進 20 部丹尼士獵鷹 HC 系並首度配上空調系統，主力行走啟德機場巴士線提升服務水平。獵鷹車系亦曾推出雙層巴士版本，但由於無人問津最終只建造了六部。延至 1991 年，整個獵鷹車系正式被長矛（Lance）取代。

長矛車系在底盤設計上擺脫了統治者及獵鷹的頭陣設計，重新設計頭陣後容讓車系能夠提供低地台入口，在 1993 年推出的長矛低地台版（Lance SLF）正是三叉戟車系的雛型。1995 年，丹尼士再將低地台頭陣設計應用在中型巴士車系飛鏢並推出低地台版（Dart SLF），為丹尼士旗下車系低地台化打穩基礎。長矛車系取代獵鷹車系後曾推出雙層版本（即 Dennis Arrow），後來的兩軸三叉戟（Trident II）就是師承自此。不過由於 Arrow 車系推出後受同廠另一款車系巨龍（Dragon-Dominator）競爭，市場反應未如理想。

1993 年推出的長矛低地台版（Lance SLF）正是三叉戟車系的雛型。

九巴亦曾引入丹尼士飛鏢型單層巴士（Dart SLF），現已全部退役。

1996 年，九巴子公司龍運及城巴取得赤鱲角機場巴士線專營權，要求車隊須提供便利傷健人士登車的設備。龍運及城巴分別向富豪及丹尼士廠方提出要求，希望能夠提供配備低地台的大型巴士車種。丹尼士遂以 Arrow 車系為基礎，改良設計後推出三叉戟車系，率先推出合共六部三軸版本（ Trident III ）樣版車。除了 一部由丹尼士廠方保留外其餘五部均一同供港，九巴及城巴分別佔兩部及三部。整個三叉戟車系均採用康明斯引擎，在尾跨設計上與長矛相似，採用直立式引擎，散熱器同樣設於引擎的右端。

三叉戟車系
（三軸 12 米底盤）
龍運丹尼士三叉戟
空調 12 米

三叉戟車系
（三軸 12 米底盤）
新巴丹尼士三叉戟
空調 12 米

三叉戟車系
（三軸 12 米底盤）
九巴丹尼士三叉戟
空調 12 米

一年後丹尼士再推出兩軸版本（ Trident II ），但由於運輸署規定兩軸車輛總載重不得多於 16 公噸，因此兩軸版本一直無緣引入香港行走，直至後來的 Enviro 車系才打破此局面。

推出 Trident II 後一年，在 1998 年 10 月丹尼士車廠及都普（ Duple Metsec ）車身廠由自 1989 年入主的三聯控股（ Trinity Holdings ）轉售至 Mayflower 集團。三叉戟車系得到承接繼續生產，受到英國本土、香港及新加坡市場歡迎，除了最初提供的 12 米版本外，也包括專門為香港而設計的 60 部 10.3 米短陣版，加上 10.6 和 11.3 米的版本下，本港引進的三叉戟綜合多款長度合共有 1,289 部，佔去當時本港低地台巴士一大比例，亦遠比後來富豪研發的超級奧林比安車系為多，更成為唯一一款本港所有專利巴士公司（九巴、龍運、新巴、城巴、嶼巴）均有引人的型號。

三叉戟車系（三軸 10.6 米底盤）

新巴丹尼士三叉戟空調 10.6 米

三叉戟車系（三軸 10.6 米底盤）

九巴丹尼士三叉戟空調 10.6 米

三叉戟車系
（三軸 11.3 米底盤）
港鐵丹尼士三叉戟
空調 11.3 米

三叉戟車系
（三軸 11.3 米底盤）
新巴丹尼士三叉戟
空調 11.3 米

2001 年元旦日起，Mayflower 集團將旗下的丹尼士車廠及亞歷山大車身廠，聯同專門生產巴士車身的 Plaxton 合組為 Transbus International。改組後三叉戟車系仍然得到承繼，直到 2002 年 Enviro 車系推出三軸雙層版本 Enviro500 後，本車系才正式結束生產。

車型規格

底盤資料	Trident III
底盤建造	（2001 年前）Dennis Specialist Vehicles
	（2001 年起）Transbus International
底盤長度	（三軸）10.3m, 10.6m, 11.3m, 12m
底盤闊度	2500mm
懸掛系統	氣墊式彈簧

剎車系統	（Dennis 製）鼓式剎車
	（Transbus 製）碟式剎車
轉向系統	動力輔助
引擎配搭	康明斯（Cummins）
波箱配搭	和夫（Voith）
	ZF
車身配搭	亞歷山大（Walter Alexander）
	都普（Duple Metsec）
生產年期	1996 年 - 2002 年

在港通勤概況

九巴丹尼士三叉戟空調 10.6 米 (KMB Dennis / Transbus Trident (A/C) 10.6m)

1999 年，九巴購入 50 部配都普及 100 部配亞歷山大車身的 10.6 米丹尼士三叉戟，主力行走新界郊區及部分市區路線。及後該系的 ATS96 及 97 更率先轉用康明斯 ISMe 系歐盟三型引擎，而九巴更髹上「綠悠悠」車身色彩，以示支持環保。由 2017 年 11 月中旬起，該車型已逐步退役。

龍運丹尼士三叉戟空調 12 米 (LWB Dennis Trident (A/C) 12m)

全球首款雙層低地台巴士丹尼士三叉戟甫推出不久，龍運已率先購買 150 部，以配合往返機場的服務。豪華版車輛的車廂採用體積較大的行李架及高背絨面座椅，椅背角度可任意調較，靠近走廊的座椅亦可移出拉闊椅距，座位上方亦設獨立閱讀燈及冷氣出風口，設計相當周到。該車型在 2017 年 12 月悉數退役。

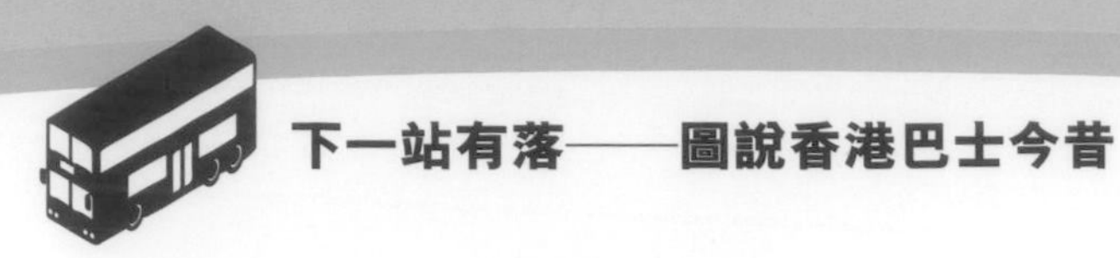

九巴丹尼士三叉戟空調 12 米
(KMB Dennis / Transbus Trident (A/C) 12m)

丹尼士三叉戟是本港第一代低地台雙層巴士。三叉戟空調 12 米的引入奠定本港交通運輸傷健共融的里程碑，車輛規格包括香檳色車身、闊版雙扇上車門、輪椅斜板、輪椅停泊區及無間斷光管均成為九巴往後購車的新標準。這批為數近 500 部的三叉戟巴士團隊，主要活躍於各區龐大客量的路線，在市區尤其容易找到她們。該車型已於 2021 年 4 月悉數退役。

新巴丹尼士三叉戟空調 12 米
(NWFB Dennis / Transbus Trident (A/C) 12m)

2002 年新巴從 Transbus 購入 21 部 12 米三叉戟 (#1201 - 1221)。該批次全部採用歐盟三型引擎，最大馬力輸出達 335 匹，為當時全港最大馬力的車款。2008 年起，新巴陸續引入丹尼士 E500 型，本車型已相繼撤出過海路線，但依然活躍於其他主要路線。2015 年初，新巴安排 #1215 - 1219 改裝為開篷巴士，穿梭香港及九龍的旅遊景點。

3.5 丹尼士 Enviro500 車系

2001 年 1 月，丹尼士母公司 Mayflower Corporation 把旗下的巴士製造業務重組，成立 Transbus International。而 Transbus 翌年便推出 Enviro 車系。在重組過程中，丹尼士廠方其實只將旗下產品生產線整合，針對部分現有產品作出改良推出市場。Enviro500 其實正正承襲合組前集團旗下的三軸三叉戟（Trident III）車系而來，Enviro500 在底盤設計上也大致與三叉戟底盤相同。

踏入 21 世紀，歐美市場對於購置新巴士的需求放緩，引發英國巴士製造商的併購潮。在 2004 年 5 月 Transbus International 先後出售 Plaxton 客車製造業務及旗下亞歷山大車身製造業務（Alexander Coachbuilders）和丹尼士車廠（Dennis）。前者 Plaxton 重新回復獨立公司名義，後二者則由獨立商人購入並重組成 Alexander Dennis。至 2007 年 Plaxton 才被 Alexander Dennis 購入，將 Transbus International 在 2004 年前的兩個重要業務重新統一收歸旗下。

雖然 Enviro500 在經歷業務併購下仍然維持延續其生產線，但其實早在 2002 年 Enviro 車系甫推出市場不久，就馬上得到一向與丹尼士緊密合作的市場，包括英國、愛爾蘭及本港市場的青睞。香港買家早期以九巴為主，率先向 Transbus International 購入合共 235 部 Enviro500，當中 3 部在後來撥歸旗下龍運巴士。Enviro500 在設計上也刻意兼顧香港的營運環境，包括讓下層樓梯與下車門對齊等規格。隨後多間公司包括新巴、城巴及港鐵相繼引入 Enviro500，令 Enviro500 車系逐漸普及。

Transbus 踏入千禧年推出的 Enviro 系列，成為香港以至全世界都最受歡迎的巴士型號。(資料來源：www.alexander-dennis.com)

在 Alexander Dennis 延續 Enviro500 生產線時，除了進一步改良其配置車身的設計以外，同時也銳意開發北美洲市場，包括從紐約、三藩市、拉斯維加斯、哥倫比亞等地巴士公司取得訂單，成績斐然。自 2007 年起 Enviro 500 提供針對北美洲市場的 12.8 米版本，延至 2014 年才見於本港專利巴士車隊。

Enviro 車系大致上承襲了三叉戟系列的設計而改良，但市場的成就卻「青出於藍」。
(資料來源：www.alexander-dennis.com)

Enviro500 車系
（三軸 11.3 米底盤）
九巴丹尼士 E50D
空調 11.3 米

Enviro500 車系
（三軸 11.3 米底盤）
新巴丹尼士 E50D
空調 11.3 米

Enviro500 車系
（三軸 11.3 米底盤）
城巴丹尼士 E50D
空調 11.3 米

Enviro500 車系
（三軸 12 米底盤）
九巴丹尼士 E500
空調 12 米

Enviro500 車系
（三軸 12 米底盤）
龍運丹尼士 E500
空調 12 米

Enviro500 車系
（三軸 12 米底盤）
新巴丹尼士 E500
空調 12 米

在 2008 年本車系再另伸旁支，因應歐盟市場對於巴士廢氣排放的新標準，丹尼士廠方為 Enviro500 研發出混能（ Hybird ）版本，在柴油以外混合電能驅動引擎並將之命名為 Enviro500H（又簡稱為 E500H ）。受惠於歐盟區國家向巴士公司提供更換環保車輛資助下，據悉 E500H 在歐洲各地的銷售情況均相當理想。

Enviro500 Hybrid 車系
（三軸 12 米底盤）
九巴丹尼士 E50H
空調 12 米

Enviro500 Hybrid 車系
（三軸 12 米底盤）
新巴丹尼士 E50H
空調 12 米

Enviro500 Hybrid 車系
（三軸 12 米底盤）
城巴丹尼士 E50H
空調 12 米

由 2012 年元旦日起，丹尼士廠方將旗下所有 Enviro500 的生產代號更改稱謂，正式抹去有濃厚三叉戟色彩的 Trident 字樣，更名為 E50D，惟底盤鐵牌仍然銘有 Trident E500 Turbo 字樣。有關車系生產線迄今仍然運作，連同 Transbus International 時期供港的 235 部 Enviro500，在港已登記出牌的 11.3 米、 12 米及 12.8 米 Enviro500， 佔全港專利巴士車隊數口逾七成，成為本港專利巴士車型的大宗。

Enviro500 車系
（三軸 12.8 米底盤）
九巴丹尼士 E50D
空調 12.8 米

Enviro500 車系
（三軸 12.8 米底盤）
龍運丹尼士 E50D
空調 12.8 米

Enviro500 車系（三軸 12.8 米底盤）

新巴丹尼士 E50D 空調 12.8 米

車型規格

底盤資料	（2012 年前）Trident E500
	（2012 年後）Trident E500 Turbo / E50D
底盤建造	（2004 年前）Transbus International
	（2004 年起）Alexander Dennis
底盤長度	（三軸）11.3m, 12m, 12.8m
底盤闊度	2550mm
懸掛系統	氣墊式彈簧
剎車系統	碟式剎車
轉向系統	動力輔助
引擎配搭	康明斯（Cummins）
波箱配搭	和夫（Voith）
	ZF
車身配搭	亞歷山大 / 亞歷山大丹尼士（Walter Alexande / Alexander Dennis）
生產年期	2002 年 - 現在

在港通勤概況

九巴丹尼士 E50D 空調 11.3 米 (KMB Dennis E50D (A/C) 11.3m)

九巴於 2019 年首次購入該型號，巴士引擎採用康明斯 L9 系歐盟六型引擎，車身設計、塗裝以至車廂內部則採用九巴新款「城市脈搏」規格，與同期投入服務的 12.8 米 E50D 型看齊。該型號更增設電子穩定控制系統 (Electronic Stability Program, ESP) 及主動限速功能，令行車更安全。

新巴丹尼士 E50D 空調 12/12.8 米 (NWFB Dennis E50D (A/C) 12/12.8m)

新巴於 2014 年購入首批 12 米丹尼士 E50D 型，至 2021 年已購置接近 400 輛。現時本車型車輛均活躍於多條港島北岸及過海路線，當中 12.8 米車輛主要行走客量較高的東區路線，並由 2018 年中旬起獲批行走多條路線，出車率穩定。

龍運丹尼士 E50D 空調 12/12.8 米 (LWB Dennis E50D (A/C) 12/12.8m)

龍運訂購的首批丹尼士 E50D 型在 2013 年起陸續抵港，但該批次的車廂配置與九巴其他巴士幾近相同。翌年的新批次改裝為豪華巴士規格，例如可調較角度座椅及 USB 充電插口等。至 2020 年，因為疫情而機場旅客大減，該型號部份普通版車輛遂轉售九巴，轉而在市區行走。

九巴丹尼士 E50D 空調 12/12.8 米 (KMB Dennis E50D (A/C) 12/12.8m)

截至 2022 年 5 月底，連同從同系公司龍運購入的二手車輛，九巴共有逾 2,000 部丹尼士 E50D 型，佔九巴車隊總數約 4,000 部近半，是九巴車隊的主力。根據九巴紀錄，由 2014 年至 2020 年，每年都有增購該型號。2016 年，更把車輛外觀及車廂設計轉用全新的「城市脈搏」規格，包括重用曾經用於舊款非空調巴士的紅色車身，配以銀色線條和白色車頂。座椅就轉用頭枕及椅背稍作改良的 Vogel 座椅，車廂內除了配備無線上網服務外，部分位置亦裝設 USB 充電插口，成為現時新車的標準。

城巴丹尼士 E50D 空調 12/12.8 米（客車版） (CTB Dennis E50D (A/C) 12/12.8m (Coach Edition))

2016 年 4 月，城巴向丹尼士訂購 12 部 12.8 米版 E50D 型，使城巴旗下的機場快線車隊增至 78 部，紓緩機場豪華巴士線經常「降級」派車的問題。2016 至 18 年，城巴合共向丹尼士訂購 72 部 12.8 米版 E50D 型。該批次機械及車廂規格均採用城巴客車標準，現時本車型活躍於多條機場豪華巴士線（ A 系路線）及間中行走個別機場後勤區路線（S 系路線），出車率頗為穩定。

3.6 丹尼士 Enviro400 車系（Dennis Enviro400 ）

有別於上一篇介紹的 Enviro500，Enviro400 的出現其實是 Alexander Dennis 年代的產品。在此之先，Alexander Dennis 以至前朝的 Transbus International 提供的兩軸雙層巴士就只有三叉戟車系（Trident II）。

Trident II 在推出市場早期曾經得到英國本土市場不俗的反響，但情況踏入 2000 年後開始受到嚴峻考驗。自從 2001 年 Transbus 開發 Enviro 車系後，分別推出兩軸單層（ Enviro200 及 Enviro300 ）及三軸雙層（Enviro500）車款供應市場，但兩軸雙層車款卻遲遲未有納入 Enviro 車系加以改良。隨後因應丹尼士捲入英國巴士製造商併購潮，加上面對其他車廠在 2003 年後陸續推出新款車型競爭，使英國本土市場的訂單大多轉移至其他新型車款，令 Trident II 的銷售數量在後期迅速下滑，情況大不如前。

丹尼士曾於 2001 年推出 Enviro300 兩軸單層巴士。
（資料來源：www.alexander-dennis.com）

2004 年併購潮以重組為 Alexander Dennis 落幕後，丹尼士廠方決意收復失地，不但繼續生產原有 Enviro 車系，也進一步整合旗下車系產品。除了把市場反應一般的 Enviro200 糅合早年丹尼士得意之作飛鏢（Dart）推出 Enviro200Dart 外，也把 Trident II 及 Plaxton President 車身納入 Enviro 車系，結合的製成品就是本篇所介紹的 Enviro400。

Enviro400 在 2005 年底推出市場後，重新喚起英國本土市場的注視，銷售情況比晚期的 Trident II 可謂相去甚遠。單計 2006 年 Alexander Dennis 便售出逾 500 部巴士，當中絕大部分訂單由英國巴士公司包攬，這是由於英國大部分路線的載客量並不如香港般龐大，故此 Enviro400 這種短陣的中型巴士在英國能夠大行其道，提升服務水平之餘又善用車輛的載客空間。不過話雖如此，丹尼士廠方仍然以「Trident II」稱呼 Enviro400，直至 Trident II 在 2006 年完成最後一張訂單結束生產後，Enviro400 的底盤鐵牌上仍然可見「Trident II」字樣。

Enviro400 在 2005 年底面世。
（資料來源：www.alexander-dennis.com）

與 Enviro500 相似，Enviro400 配上 Alexander Dennis 自家設計的車身，這款車身同時可以配用於其他車型之上。引擎可以配用康明斯或 Caterpillar 產品，在 2009 年英國 Stagecoach 購入 20 部指定配上猛獅引擎，為 Enviro400 的少數例外。

起初 Enviro400 僅提供單門版本，後來因應市場需要推出的雙門版本，並將之冠名為「倫敦精神」（Spirit of London ）。值得一提，在 2008 年與 Enviro500 同步，Enviro400 也推出混能（ Hybird ）版本，在柴油以外混合電能驅動引擎並將之命名為 Enviro400H（又簡稱為 E400H ）。同年北京奧運閉幕禮的 2012 年倫敦奧運預演環節中，更有 Enviro400 的樣辦開篷車參與演出，足見這款巴士在英國巴士界的超然地位。

由 2012 年元旦日起，丹尼士廠方將旗下所有 Enviro400 的生產代號更改稱謂，正式抹去有濃厚三叉戟色彩的 Trident 字樣，更名為 E40D。有關車系生產線迄今仍然運作，由於本港延至 2010 年才正式引入 Enviro400，加上本港對於中型兩軸巴士需求有限，故在港 Enviro400 數目一直不及 Enviro500，但隨著九巴、城巴及港鐵相繼購入量產型 Enviro400，連同已知訂單本車型數量已逾 200 部。

Enviro400 車系

九巴丹尼士 E400
空調 10.5 米

Enviro400 車系

新巴丹尼士 E400
空調 10.4 米

Enviro400 車系

城巴丹尼士 E400
空調 10.5 米

Enviro400 車系

港鐵丹尼士 E400 空調 10.5 米

車型規格

底盤資料	（2012 年前）Trident II
	（2012 年後）E40D
底盤建造	Alexander Dennis
底盤長度	（兩軸）10.1m, 10.8m
底盤闊度	2550mm
懸掛系統	氣墊式彈簧
剎車系統	碟式剎車
轉向系統	動力輔助
引擎配搭	康明斯（Cummins）
	Caterpillar
	猛獅（MAN）
波箱配搭	和夫（Voith）
	ZF
車身配搭	亞歷山大丹尼士（Alexander Dennis）
生產年期	2005 年 - 現在

在港通勤概況

九巴丹尼士 E400 空調 10.5 米 (KMB Dennis Enviro400 (A/C) 10.5m)

過去因為運輸署對兩軸巴士重量的限制 (不過超過 16 公噸)，九巴自 2003 年起已沒有再採用兩軸雙層巴士。隨著運輸署對限制放寬，九巴於 2009 年購入首部 E400，並標示此車為「全港首部歐盟第五代兩軸環保巴士」。至 2021 年，九巴已購入 51 輛 E400，主要活躍於屯門及天水圍部分客量偏低或受制於路面環境的路線。

嶼巴丹尼士 E400 空調 10.4 米 (NLB Dennis Enviro400 (A/C) 10.4m)

嶼巴在 2017 年招標購入 14 部矮車身版丹尼士 E400 型，配以嶼巴最新規格的仿木防滑地台，同時髹上全新車身塗裝及在車內設 USB 充電插座。該批巴士在 2018 年率先行走來往港珠澳大橋香港口岸的路線，當嶼南路路面工程竣工後，亦在 2019 年 1 月起派駐 3M 線（東涌市中心←→梅窩）。

第四章

香港巴士車型巡禮

4.1 九巴

I. 服役中車型

1) 丹尼士 E50D 空調 12/12.8 米 Dennis E50D (A/C) 12/12.8m

首部登記	2013
車隊編號	ATENU, E5L, E5T, E6T, E6X, TW, 3ATENU, 3ATENUW
總載客量	131-151
車型總數	2,171

2013 年，九巴從丹尼士引入 2 部 E50D 12.8 米版，成為本港首款車長逾 12 米的特長車款。

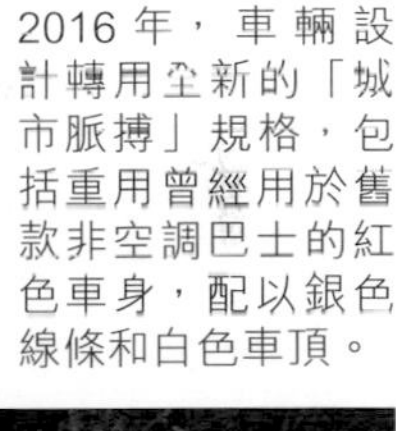

2016 年，車輛設計轉用全新的「城市脈搏」規格，包括重用曾經用於舊款非空調巴士的紅色車身，配以銀色線條和白色車頂。

隨著新一批量產型車輛陸續投入服務，透明樓梯及白色 LED 電牌漸成主流。

E6X35-89 車頂皆裝有 24 塊太陽能電池板，為抽風系統及 USB 充電插頭供電。

簡介：

丹尼士廠方在推出丹尼士 E50D 型時已開宗明義，新車設計針對香港營運環境，也視香港為此車型主要銷售市場。丹尼士廠方最終亦如願以償，以 E50D 型成功搶佔本港巴士公司在 2012 年至 2017 年間大部分歐盟五型新車訂單，佔九巴車隊總數約 4,000 部的近半。

2) 丹尼士 E500 空調 12 米
Transbus / Dennis Enviro500 (A/C) 12m

首部登記	2003
車隊編號	ATE, ATEE, ATEU
總載客量	118-124
車型總數	334

ATE233 前車輛仍由 Transbus 建造，車嘴以弧線勾勒具層次感車嘴。

由亞歷山大丹尼士生產的 E500 型，車頭髹上弧形的深啡色，上層車頭另設橢圓形組件。

車隊編號 ATEE1-5 屬 2011 年建造底盤並採用 Voith 波箱，車內並首次採用配巴士仔人造皮皮套的 Vogelsitze 座椅，為九巴 2010 年起購車的新標準。

簡介：

E500 型原則上按照 1997 年投產的三叉戟（Trident）車系改良，並首度配上直樓梯，成為全港首款採用直樓梯的車款，車闊亦首度突破法例上限的 2.5 米，需另行取得運輸署認可，九巴更將本車型冠名為「超直巴士」加以標誌。車內首度採用玫瑰色人造皮皮套，成為九巴此後所有直樓梯車款的標準規格。

3) 丹尼士 E50D 空調 11.3 米
Dennis E50D (A/C) 11.3m

首部登記	2020
車隊編號	E6M
總載客量	125
車型總數	125

有別最初將象徵「城市脈搏」的維港天際線貼在車頂，本批車輛已改貼在兩邊車身。

這批車輛亦配備了尾軸輔助轉向功能，使車輛更容易克服部分路段的路面限制。

簡介：

自從九巴在 1990 年代購入最後一批 11.3 米富豪奧林比安後，九巴已沒有再購入 11.3 米車款。自至 2017 年，九巴再次有計劃引入中等載客量的車款，最終選擇丹尼士 E50D 型的 11.3 米版。該批新車全部採用歐盟六型引擎，配備電子穩定控制系統（Electronic Stability Program, ESP）及主動限速功能，進一步提升駕駛安全。

4) 丹尼士 E400 空調 10.5 米
Dennis Enviro400 (A/C) 10.5m

首部登記	2010
車隊編號	ATSE
總載客量	88-90
車型總數	51

九巴曾在本車型首部車輛（ATSE1）投入服務前向媒體介紹，並標示此車為「全港首部歐盟第五代兩軸環保巴士」。

簡介：

一直以來運輸署均以兩軸車輛總載重不得多於 16 公噸，及減低路面損耗為由，拒絕本港專利巴士公司引入兩軸雙層車款。但因為短陣三軸雙層巴士相繼退役，運輸署署長只有放寬限制，於是九巴在 2009 年引入 E400 這款短陣兩軸雙層巴士。現時本車型主要活躍於屯門及天水圍部分客量偏低或受制於路面環境的路線，此外亦有部分派往市區及過海路線，出車率亦算穩定。

5) 丹尼士飛鏢 E200 空調 10.4 米 Dennis Enviro200Dart (A/C) 10.4m

雖然本地巴士服務以雙層巴士為主，但應對部分市區客量一般的路線，中型單層巴士仍然有一定需求。

首部登記	2011
車隊編號	AAS, AAU
總載客量	59-62
車型總數	41

簡介：

2010 年，九巴向丹尼士購入 30 部 10.4 米丹尼士飛鏢 E200 型單層巴士。現時本車型主要行走受路面限制或個別市區客量偏低的路線，例如經荃錦公路的 51 線及屏山路的 53 線，出車率頗為穩定。

車嘴大燈下方的凹位懸空不設 LED 日行燈。

6) 丹尼士 E50H 空調 12 米 KMB Dennis E50H (A/C) 12m

九巴特意採用湖水藍及漸層綠色粉飾車身，並命名為「hBus」突出其混能巴士特色。

首部登記	2014
車隊編號	ATH
總載客量	123
車型總數	3

簡介：

E50H 是九巴向丹尼士引入的首部混能巴士，車輛採用串聯式混合動力驅動系統，由康明斯 ISB 系歐盟六型引擎驅動三相 640 伏特交流電發電機，供電予車廂電器及驅動車軸摩打。不過由於電池數目及容量增加，令載客空間縮小。

E50H 型外觀與 E50D 型相同，並續用複合式樓梯併合油缸及於中軸前設氣素缸。

7) 紳佳 K230UB 空調
Scania K230UB (A/C)

首部登記	2009
車隊編號	ASB, ASC, ASCU
總載客量	68-81
車型總數	50

現時整批 10.6 米版車輛多數編為後備用車，12 米主要行走北區及元朗區個別客量偏低的路線，出車率頗為穩定。

簡介：

九巴自 2003 年從新巴購入 10 部丹尼士飛鏢後，一直未有增購單層巴士車款。隨著現有單層巴士即將退役，2009 年九巴便從紳佳購入 50 部 K230UB 型應付需要，當中包括 10.6 及 12 米版。本車型並非配直樓梯的雙層巴士，惟九巴仍在車裙髹上深啡色，是首款髹上此塗裝及香檳色車身的單層巴士。

8) 紳佳 K280UD / K310UD 空調 12 米
Scania K280UD / K310UD (A/C) 12m

首部登記	2007
車隊編號	ASU, ASUD
總載客量	123-133
車型總數	24

本車型引擎採用廢氣再循環技術，無須加入氨素（Urea，即尿素），從而減低廢氣排放，底盤亦無需騰出空間裝設氨素缸。

簡介：

本車型是九巴首度引入紳佳的低地台巴士，車型採用縱置引擎，惟改以中軸為驅動軸，較長尾跨亦成為本車型特色之一。其中 ASU1-22 更配置歐盟四型引擎，同時採用廢氣再循環技術，從而減低廢氣排放。而車身則採用較輕身的瑞典 Salvador Caetano 出品，以減低巴士耗油量及提升行車表現。

9) 富豪 B9TL 空調 12/12.8m 米（歐盟五型）
Volvo B9TL (A/C) 12/12.8m (Euro V)

首部登記	2010
車隊編號	AVBWU, AVG, 3AVBWU
總載客量	126-146
車型總數	802

全新的 B9TL 配備引擎管理系統，將引擎讀數等資料連接至儀錶板的電腦系統，同時為維修人員提供故障追蹤及範圍診斷。

2018 年 4 月，九巴宣布再行升級「城市脈搏」規格並包裝為「紅巴 2.0」，採用馬來西亞順豐的車身，本車型編號 AVG 的 3 輛新車全部以新面目示人。

廠方由以往焊接改為鑲螺絲裝嵌車身，車殼生產進程可加快至每日一部。

簡介：

2009 年 5 月，九巴向富豪購入 60 部 B9TL 型雙層巴士。有別於之前的 B9TL，新批次引擎已躍升至 D9B 系的歐盟五型。另一方面，富豪透過將底盤頭軸改用傳統的轉向軸，令巴士承受更高負重；車身方面則改配更輕身物料製造的 Wright Eclipse Gemini II，減低巴士耗油量同時，又能提升巴士載客量。種種改良令九巴非常滿意，多年來購入超過 800 輛，與丹尼士 E50D 型成為車隊的主力車型。

10) 富豪 B8L 空調 12/12.8 米
Volvo B8L (A/C) 12/12.8m

首部登記	2017
車隊編號	AVBML, AVBWL, V6B, V6P, V6X
總載客量	90-142
車型總數	323

車身塗裝簡化為灰色斜紋，並完整展示九巴的企業標誌，淡化了「城市脈絡」的形象。

2018 年，九巴開通了 P960 及 P968 兩條屯門及元朗至港島的豪華路線，主力以本車型行駛。

配上 12.8 米底盤的 MCV EvoSeti 車身，車頭牌箱對上轉用黑色，令白色電牌更見突出。

簡介：

本車型是本港首部歐盟六期的純柴油驅動雙層巴士，由九巴於 2017 年引入。有別於過往供港的富豪車款，B8L 型跟其對手亞歷山大丹尼士的 E50D 型同樣採用中軸驅動設計，配備可牽引最多 350 匹馬力的 D8K 引擎，並採用 ZF Ecolife 波箱控制燃油效益。在九巴由歐盟五期改為六期引擎的過渡當中，本車型具有一定優勢。

11) 富豪 B9TL 空調 12 米（歐盟三/ 四型）
Volvo B9TL (A/C) 12m (Euro III, IV)

首部登記	2004
車隊編號	AVBE, AVBW, AVD
總載客量	116-128
車型總數	159

同是富豪 B9TL 底盤，左邊亞歷山大車身與右邊 Wright 車身構成鮮明對比。

簡介：

富豪在 2005 年中旬正式推出 B9TL 型，作為超級奧林比安（B10TL 型）的後繼產品，而九巴早在 2004 年已獲提供 2 輛 B9TL 作測試。往後九巴續訂購一百五十多部本車型，較特別是同車型不同批次分別配置傲群、亞歷山大及 Wright 的車身，是少數配有 3 款不同品牌車身的車型。

12) 富豪超級奧林比安空調 12 米
Volvo Super Olympian (A/C) 12m

首部登記	1999
車隊編號	AVW, 3ASV
總載客量	121-132
車型總數	592

簡介：

顧名思義，超級奧林比安乃富豪以奧林比安（Olympian, B10T）車系加以改良，以應付 2000 年開始低地台雙層巴士的龐大需求。因處於 12 米非空調巴士退役高峰期，本車型推出以來即獲九巴青睞，採購總量接近 600 輛。2003 年，本車型首度配置 Wright 的車身，因為此款車身外形獨特，九巴將本車型命名為「前衛巴士」。

AVW1-100 採用九巴首見的 Wright 車身，車嘴裝有防撞氣墊卸去撞擊時部分衝力。

另有批次配以傲群車身，車嘴以至大燈和指揮燈均採用圓形線條。

13) 富豪超級奧林比安空調 10.6 米
Volvo Super Olympian (A/C) 10.6m

首部登記	2001
車隊編號	ASV
總載客量	109
車型總數	100

部分巴士由於派往行走西貢郊區路線，故裝有霧燈。

簡介：

九巴在 1999 年引入 12 米富豪超級奧林比安車系之後，至 2000 年拍板購入 50 部 10.6 米版，取代當時車隊中步入退役潮的丹尼士統治者及都城嘉慕，並著手加快中型雙層巴士空調化。本車型出牌以來主要行走客量一般或受路面環境限制的路線，隨著本車型車齡漸高，部分車輛已由 2019 年初起陸續退役。

14) 富豪 B7RLE 空調 12 米
Volvo B7RLE (A/C) 12m

首部登記	2010
車隊編號	AVC
總載客量	75-76
車型總數	70

本車型為九巴首款富豪單層巴士，並配上首見於本港專利巴士的 MCV 車身。

簡介：

九巴於 2009 年向富豪訂購了 40 部 B7RLE，為九巴首次引入富豪製單層巴士。本車型引擎排放標準均達歐盟五型，最大馬力輸出達 290 匹，曾是九巴車隊中最大馬力輸出的單層巴士車款。本車型投入服務後主要活躍於北區及沙田區，多派往班次頻密的區內線或個別客量稀少路線。

15) 猛獅 ND323F/ND363F 空調 12 米 MAN A95 ND323F/ND363F (A/C) 12m

首部登記	2015
車隊編號	AMNE, AMNF
總載客量	133-134
車型總數	22

本車型採用九巴首見的馬來西亞順豐車身，下層擋風玻璃面積明顯較大。

簡介：

2014 年，猛獅向九巴提供 1 部屬 ND363F 型的 A95 車系樣辦車，是為猛獅集團闊別 12 年後再向九巴供應新車。新車配搭猛獅自家 D2066 系歐盟五型引擎，並以其 360 匹最大馬力，成為九巴最大馬力輸出的車款。其後九巴拍板增購 21 部車輛，並改配馬力輸出較低的 320 匹猛獅自家歐盟五型引擎，其中一部配以「紅巴 2.0」規格並編為 AMNF。

16) 青年汽車 JNP6122UC 空調 12 米 Youngman JNP6122UC (A/C) 12m

首部登記	2015
車隊編號	AYM
總載客量	72
車型總數	8

本車型每 30 秒可充約 1 公里電量，充滿電可連續行走 8 至 10 公里。

簡介：

因應政府全額資助，九巴在 2012 年 4 月購入 8 部由青年汽車集團製造的超級電容巴士。這 8 部被視為採用更高技術的第二代超級電容巴士「gBus2」，最高行駛時速 70 公里。但由於電容巴士需要的充電設施較複雜，另一方面電池電動巴士的技術及續航力卻不斷提升，因而逐漸取代超級電容巴士，成為電能巴士未來發展的方向。

17) 比亞迪 K9D / K9R 空調
BYD K9D CK6120LGEV / K9R CK6120LGEV6 (A/C)

首部登記	2013
車隊編號	BE, BDE
總載客量	66-70
車型總數	11

撤除車頂的冷氣組件，K9D 型車殼高度其實不足 3 米，車嘴雖然較扁平但線條頗為前衛。

簡介：

2011 至 2012 年度施政報告中，政府主動提出撥款 1.8 億，資助專利巴士公司購買電動巴士。九巴於 2012 年先向比亞迪租用首部 K9D 電動巴士，本車型標準充電時間為 6 小時，行駛里數達 250 公里。九巴把此車命名為「eBus」，派往 2 號線（蘇屋←→尖沙咀碼頭）。2015 年，再購入 10 輛改良版 K9R 型，分派行走各區。

18) 比亞迪 B12A 空調
BYD B12A(A/C)

首部登記	2022
車隊編號	BEB1-16
總載客量	81
車型總數	16

簡介：

2022 年，九巴向比亞迪購入 16 部 B12A 低地台電動 12 米單層巴士，以「電光綠」(Electric Green) 作為車身主色，代表九巴車隊邁向電動化的綠色新時代。相比上一代電動巴士比亞迪 K9R，B12A 重量減少 4%，載客量多出 16%，達到 81 人。B12A 只須一小時四十分鐘便可充滿電，行駛約 200 公里，充電速度比以往快兩小時。

II. 已退役車型

1) 丹尼士巨龍空調 11 米 Dennis Dragon (A/C) 11m

服役年期	1990-2015
車隊編號	AD
總載客量	119-141
車型總數	360

巨龍空調外觀上與非空調版設計相近，包括圓角茶色車窗及釘在水箱欄杆的車牌。

簡介：

利蘭在 1988 年研製奧林比安空調版引入本港市場後，專利巴士空調化已成為不可逆轉的趨勢。另一巴士製造商丹尼士亦不甘後人，將當時已供港的巨龍車系改良，並在 1990 年推出空調版，為繼 1980 年 6 月試驗改裝空調巴士失敗的丹尼士喝采型之後，九巴第 2 款丹尼士製空調巴士。

2) 丹尼士巨龍空調 10 米 Dennis Dragon (A/C) 10m

服役年期	1993-2017
車隊編號	ADS
總載客量	104-117
車型總數	235

首批量產型車輛採用的都普車身，設計與第 2 批量產型 11 米巨龍空調看齊。

簡介：

九巴在 1990 年引入 11 米丹尼士巨龍空調後，至 1990 年代車隊中大批利蘭奧林比安、丹尼士統治者及利蘭勝利二型等車型陸續退役，九巴遂從丹尼士引入 10 米版車輛，填補中型雙層巴士空缺，也是九巴在引入低地台車款之前唯一一款中型雙層空調巴士。

3) 丹尼士三叉戟空調 12 米
Dennis / Transbus Trident (A/C) 12m

服役年期	1997-2012
車隊編號	ATR
總載客量	126-135
車型總數	495

本車型的引入奠定本港交通運輸傷健共融的里程碑，香檳色車身、闊版雙扇上車門、輪椅斜板、輪椅停泊區及無間斷光管均成為九巴往後購車的新標準。

簡介：

本車型是丹尼士以旗下長矛（Lance）單層巴士車系為藍本而研發的低地台雙層巴士，推出後大受歡迎，是本港第一代低地台雙層巴士，高峰期曾佔本港專利巴士車隊逾 20%，亦為三叉戟車系在歐洲以外主要銷售市場。九巴自 1997 年開始，連續數年購入接近 500 部，主要活躍於各區龐大客量的路線，在市區尤其容易找到她們。

4) 丹尼士三叉戟空調 10.6 米
Dennis / Transbus Trident (A/C) 10.6m

服役年期	1999-2020
車隊編號	ATS
總載客量	110-111
車型總數	150

從 12 米底盤到 10.6 米底盤，丹尼士並無大幅度改動底盤設計，僅收窄頭軸及中軸之間的距離。

簡介：

踏入2000年，九巴車隊中大批利蘭勝利二型及丹尼士喝采，相繼因車齡漸高退役，九巴為補充中型雙層巴士車源，以應付新界郊區及部分市區路線，遂在 1999 年向丹尼士購入 50 部配都普（Duple Metsec）車身的 10.6 米丹尼士三叉戟。本車型自出牌以來主要行走新界郊區路線，受路面限制或客量不太高的市區路線，出車率頗為穩定。

5) 丹尼士巨龍空調 12 米
Dennis Dragon (A/C) 12m

服役年期	1997-2016
車隊編號	3AD
總載客量	134
車型總數	170

12 米版上層較 11 米版增添一節車窗，留意上下層窗柱看齊為都普車身特色。

簡介：

在 90 年代中後期，面對車隊中大批 12 米利蘭奧林比安及丹尼士巨龍非空調巴士陸續退役，九巴在 1996 年訂購 170 部 12 米丹尼士巨龍空調，配合九巴提升屯門、元朗及天水圍對外路線至全空調巴士服務。在這批車輛投入服務一段日子後，攀爬表現一直為人詬病，其後丹尼士推出低地台三叉戟（Trident）車系，於是九巴改為引入三叉戟，本車型亦成為九巴最後一批引入的 12 米非低地台車款。

6) 丹尼士巨龍非空調 11 米
Dennis Dragon (Non-A/C) 11m

S3N148 配都普 W40 型車身，車側設有 8 節車窗，車內不設鮮風機。

服役年期	1986-2012
車隊編號	S3N
總載客量	141-151
車型總數	370

簡介：

九巴在 80 年代提出引入 11 米非空調巴士，以配合市區路面環境；丹尼士便將原來 12 米丹尼士巨龍非空調的底盤縮短，在 1986 年推出 11 米版本供予九巴。該批車因為下層企位高達 55 人，總載客量達 151 人，為本港載客量最高的 11 米巴士。直至 2012 年中旬，隨著九巴旗下路線全面空調化，本車型亦功成身退，於最後一日非空調巴士服務日 5 月 8 日後悉數除牌退役。

7) 丹尼士達智／ 飛鏢空調
Dennis Dart, Dart SLF (A/C)

服役年期	1990-2016
車隊編號	AA
總載客量	53-65
車型總數	70

車長僅 9 米的 AA1-2 屬中型巴士（Midibus），配上本港僅有的都普 Dartline 車身。

簡介：

丹尼士（Hestair Dennis）車廠在 1977 年回歸巴士生產市場後，先後推出統治者（Dominator）及針對本港市場的祖比倫（Jubilant）兩款雙層巴士車款。與此同時，丹尼士亦推出達智（Dart）車系，並以中型單層巴士（Midibus）為定位，填補當時歐洲小巴及大型單層巴士之間的市場空缺。

8) 丹尼士長矛空調 11.7 米
Dennis Lance (A/C) 11.7m

服役年期	1993-2010
車隊編號	AN
總載客量	65-78
車型總數	24

本車型設單門及雙門版本，前者預留行走當時啟德機場巴士線，故出牌時已裝上行李架及 Lazzerini 頭枕座椅，直至新機場啟用後才由龍運巴士取代。

簡介：

九巴在 1993 年從丹尼士購入 24 部長矛，為當時九巴載客量最高的單層巴士，用以開辦標榜全空調巴士服務的市區路線。針對當時部分客量穩定或以頻密班次吸引乘客的路線，本車型以媲美中型雙層巴士的載客量，遂成為有關路線的不二選擇。

9) 利蘭奧林比安非空調 11.3 米
Leyland Olympian (Non-A/C) 11.3m

服役年期	1986-2011
車隊編號	S3BL
總載客量	142-150
車型總數	470

S3BL340 (EC2083) 屬本車型最後一部採用舊款車嘴車輛，車嘴線條具層次感。

簡介：

上世紀 80 年代，當時部分市區路面仍較難讓 12 米車輛駛入，故九巴便向不同車廠要求供應 11 米版本。利蘭廠方迅速回應，率先於 1986 年向九巴提供 11.3 米利蘭奧林比安非空調。截至 1994 年，九巴共購入 470 輛，成為旗下數目最多的三軸非空調巴士車型。本車型自 2003 年起陸續退役後，部分車輛被轉售至世界各地，其餘均運往本地廢車場拆卸，當中少數獲私人保留。

10) 利蘭奧林比安空調 11 米
Leyland Olympian (A/C) 11m

服役年期	1988-2011
車隊編號	AL
總載客量	120-138
車型總數	150

起初本車型曾為市區及過海路線主力，不過自從 1990 年代末逐步被二加二座位編排及低地台巴士取締，陸續成為後備車輛。

簡介：

九巴在 1980 年代起銳意發展空調巴士，並曾在 1980 年 6 月及 1983 年 5 月先後將一輛丹尼士喝采型 N364（CF4180）及利蘭勝利二型 G544（CM3879）改裝，但效果卻不理想。直至 1988 年 5 月，利蘭向九巴提供 1 輛奧林比安空調巴士樣版車，最終試驗成功並獲九巴青睞，下啟九巴引入空調巴士的序幕。

11) 富豪奧林比安空調 11.3 米
Volvo Olympian (A/C) 11.3m

本車型首度採用車門壓力感應系統的車輛，當車門在關上時夾到硬物便會自動彈回原位，隨後亦成為九巴新車標準配置。

服役年期	1994-2016
車隊編號	AV
總載客量	110-111
車型總數	531

簡介：

利蘭在 1993 年被富豪收購後，絕大部分車系經已停產，只有少數如奧林比安（Olympian）車系得以保留，更在 1994 年以該車型提供一輛樣版車（AV1）予九巴測試，促成後來九巴累計訂購 530 部 11 米版及 348 部 12 米版，銷售成績斐然。本車型最後 1 部車輛 AV531 於 1998 年 9 月初出牌後，同月月底即由丹尼士三叉戟車系緊接出牌，象徵九巴正式進入低地台服務年代。

12) 富豪奧林比安非空調 11.3 米
Volvo Olympian (Non-A/C) 11m

服役年期	1995-2012
車隊編號	S3V
總載客量	141
車型總數	30

本車型是九巴最後一批非空調巴士。

簡介：

富豪於 1994 年收購利蘭後，九巴原擬購入 30 部 11.3 米利蘭奧林比安非空調的訂單，富豪最初建議九巴以空調巴士交收，但九巴拒絕建議，而該批車亦成為九巴車隊最後一批投入服務的非空調巴士。本車型初出牌時，大部分均被派往城門隧道路線服役，直至 2012 年中旬才功成身退。

13) 富豪奧林比安空調 12 米 Volvo Olympian (A/C) 12m

服役年期	1994-2015
車隊編號	3AV
總載客量	137
車型總數	348

披上九巴之友廣告的 3AV50 是本車型最後一部採用三加二座位編排的車輛。

簡介：

為了加速新市鎮及過海路線空調化，九巴於 1993 年向富豪訂購首批 50 部奧林比安空調 12 米版，亦為九巴首款 12 米雙層空調巴士。本車型早期主要行走過海路線，其後因應新界新市鎮發展，在 90 年代中期陸續調往行走。2012 年本車型開始步入退役潮，同年 4 月 3AV1 率先退出載客行列並改裝為訓練巴士，成為九巴首部富豪車系訓練巴士，亦是首部 12 米空調訓練巴士

14) 都城嘉慕非空調 11 米 MCW Metrobus (Non-A/C) 11m

由於都城嘉慕具備設計車身的能力，所以本車型底盤與車身都是自家打造。

服役年期	1986-2007
車隊編號	S3M
總載客量	143-150
車型總數	254

簡介：

上世紀 80-90 年代，九巴除了向利蘭及丹尼士招手，亦有向同樣來自英國的都城嘉慕（MCW Metrobus）採購巴士。1986 年，九巴為應付新界及市區部分狹窄路段，遂向都城嘉慕訂購 45 部 11 米版巴士。該批車輛車廂除首度應用大量玻璃纖維旁板外，下層車廂中部闢有大範圍企位空間，下層企位高達 48 人，總載客量達 150 人。都城嘉慕於 1989 年結業，而本車型亦於 2002 年起陸續除牌退役。

15) 三菱空調 9.2 米 Fuso Mitsubishi (A/C) 9.2m

服役年期	1990-2012
車隊編號	AM
總載客量	45-50
車型總數	184

本車型機械性能保持良好、起步緩衝短、車身短小容易操作，故深受前線車長歡迎。

簡介：

三菱為九巴繼 1990 年引入豐田小巴後，另一從日本引入的車款，為應付車隊中陸續退役的亞比安車系。九巴曾向多間日本巴士製造公司招手，最終只有三菱能為九巴度身訂造，提供配自動波波箱的單層空調巴士。不過自本車型在 2012 年退役後，九巴車隊中便再無來自日本的專利巴士車款。

16) 利奧普林 Centroliner 空調 12 米 Neoplan Centroliner (A/C) 12m

本車型使用不久，即涉及多宗嚴重交通意外，包括2003年7月10日，265M 線巴士由屯門公路直墮山坡的車禍，安全性備受關注。

服役年期	1998-2018
車隊編號	AP
總載客量	123-128
車型總數	162

簡介：

1997 年，利奧普林從德國運來一部當時全球載客量最高，車長 15 米的雙層巴士 Megashuttle 供九巴試驗，可惜不獲運輸署批准使用。翌年，利奧普林運來另一款設計與 Megashuttle 大同小異的 12 米 Centroliner，並因應九巴要求配用康明斯（Cummins）M11 系歐盟二型引擎及 ZF 波箱，投入服務時獲冠名「超時代巴士」。

17) 猛獅 24.310 型空調 12 米
MAN A57/A59 24.310 HOCL-N/R (A/C) 12m

服役年期	2000-2018
車隊編號	AMN
總載客量	118-122
車型總數	47

本車型除了是九巴首批猛獅製車款外，亦成為車隊中唯一一款採用荷蘭製車身及LiteVision電牌的車款。

簡介：

本車型原由城巴於 1999 年購入，但因車隊巴士數目超過政府的限額而轉售予九巴，成為九巴繼 1998 年引入利奧普林（Neoplan）車系之後，第 2 款引入的德國巴士。該批車輛為九巴唯一採用 Berkhof 車身的車款，其車身線條簡約四方，故又被戲稱為「棺材車」。

18) 紳佳 N113 型空調 11.4 米
Scania N113 (A/C) 11.4m

經歷 AS1, 2 的試驗後，九巴再購入 20 部同款車輛時，引擎已提升至歐盟二型，並採用 Nippondenso 冷氣系統。

服役年期	1993-2014
車隊編號	AS
總載客量	123-125
車型總數	22

簡介：

踏入 90 年代大眾開始關注環保，歐盟車輛廢氣排放標準（European Emission Standards）成為購新巴士的重要指標。1993 年，九巴從瑞典車廠紳佳引入 N113 型，成為九巴首部紳佳車款。本車型採用紳佳自家 DS11 系歐盟一型引擎，九巴亦因這款環保引擎，將之冠名為「環保巴士」。

4.2 龍運巴士

I. 服役中車型

1) 丹尼士 E50D 空調 12/12.8 米
Dennis E50D (A/C) 12/12.8m

首部登記	2013
車隊編號	#1501 - 1551, 2501 - 2510, 5501 - 5555, #6501 - 6526, 9501 - 9547, UE6X
總載客量	119-141
車型總數	270

換上全新塗裝之後，車頭以下層擋風玻璃上緣為界，劃分上下並分別髹上橙色和白色。

2020 年起，本車型的 12 米版逐步被 12.8 米版取代。

#9547 在 2019 年首先裝上紅外線倦意提示系統及駕駛輔助系統，提升駕駛安全。

簡介：

2012 年載通大手購入丹尼士 E50D 型時，亦為龍運預留部分車輛。首批 47 部普通版在 2013 年起陸續抵港，更以容納 131 人成為龍運當時載客量最高車型。其後龍運再訂購多二百多輛新車，當中的客車版比車隊中的丹尼士三叉戟客車版載客量高約 15%，有助應付旗下客量持續增長的機場豪華巴士線（A 線）。

2) 丹尼士 E500 空調 12 米
Transbus / Dennis Enviro500 (A/C) 12m

首部登記	2005
車隊編號	#601, 801 - 808, 6401 - 6402, #8401 - 8432, 8501 - 8536
總載客量	118-124
車型總數	76

首批龍運 E500 型均採用亞歷山大 Enviro500 車身，首 3 部採用原初 MKI 設計，可從其線條不一致的車嘴分辨出來。

簡介：

由 2005 年龍運購入 3 輛丹尼士 E500 型（#801 - 803）行走迪士尼樂園路線開始，龍運總共購入本車型 76 輛，配置歐盟三、四、五型引擎。2015 年開始，本車型逐步被 E50D 所取締。

3) 富豪 B8L 空調 12.8 米
Volvo B8L (A/C) 12.8m

首部登記	2021
車隊編號	UV6X
總載客量	134
車型總數	65

本車型與九巴同樣採用透明樓梯，留意車尾泵把在出牌時已裝上超聲波探測點。

簡介：

雖然 2019 年開始香港因社會運動影響機場旅客人次，龍運仍於 2019 年向富豪購入 65 部 B8L 型 12.8 米車輛，以更新車隊規模，爭取 2023 年後延續機場客運專營權。該批新車全屬普通版車輛，採用與九巴同款車輛的規格，僅車輛塗裝和扶手柱改用橙色及在下層裝設配 LED 燈帶的行李架，是龍運最大批富豪製車型。

4) 比亞迪 K9R 空調 11.6 米
BYD K9R CK6120LGEV6 (A/C) 11.6m

首部登記	2017
車隊編號	SE
總載客量	70
車型總數	4

簡介：

2011 至 2012 年度施政報告中，政府主動提出撥款 1.8 億，資助本港 4 家專利巴士公司購入 36 部電動巴士。龍運按比例獲配購入 4 部普通電動巴士。這 4 部車輛規格與九巴同款車型相同，包括裝配馬來西亞順豐 (Gemilang) 車身及 Hanover 橙牌。即使本車型被編配行走北大嶼山及機場後勤區路線，車內仍然採用市區規格不設行李架，故座位及企位數量皆與九巴版本相同。

II. 已退役車型

1) 丹尼士三叉戟空調 12 米
Dennis Trident (A/C) 12m

服役年期	1997-2017
車隊編號	#101 - 225, 301, 501 - 525
總載客量	107-128
車型總數	151

本車型行走的 A31 線（荃灣愉景新城 — 機場地面運輸中心）是最初機場的豪華巴士線。

簡介：

全球首款雙層低地台巴士丹尼士三叉戟甫推出不久，九巴就替當時的全資子公司龍運購買 150 部，以配合機場及北大嶼山路線標書的要求。150 部三叉戟之中普通版及客車版分別佔 125 及 25 部，前者主要派往北大嶼山及行走機場後勤區的巴士路線，後者主力行走 A31 及 A41 兩條機場豪華巴士線。本車型至 2017 年悉數退役，由丹尼士 E50D 型全面取代。

2) 丹尼士長矛空調 11.7 米
Dennis Lance (A/C) 11.7m

服役年期	1993-2010
車隊編號	#901 - 910
總載客量	60-75
車型總數	10

本車型的服務由舊啟德機場延續至赤鱲角新機場，至 2010 年起龍運車隊全面雙層化，才正式引退。

簡介：

丹尼士長矛原為九巴在 1993 年引入，當中有半數派往行走舊啟德機場巴士路線。隨著新機場於 1998 年正式啟用，九巴亦順理成章將 10 輛轉售予龍運巴士，延續機場巴士的身份。由轉投龍運直至退役期間，本車型皆是龍運唯一一款兩軸車型及唯一一款單層巴士，也是唯一一批由九巴轉售（而非借用）的車輛。

3) 富豪 B9TL 空調 12 米
Volvo B9TL (A/C) 12m

服役年期	2007-2022
車隊編號	#401, 701 - 710
總載客量	116
車型總數	10

本車型配上龍運首見的 Gorba 電牌，上層車頭在出牌時已預留電視屏幕太陽擋。

簡介：

2006 年至 2007 年間，當九巴向富豪引入富豪 B9TL 型時，已預留 10 部車輛予龍運，而當中 9 部（#701 - 709）屬普通版，另外一部（#401）則屬豪華版。惟該豪華版配備比不上同期使用的丹尼士三叉戟客車版，故被稱為「半豪華」。本車型最後 2 部車輛已於 2022 年轉投九巴，在龍運車隊全部退役。

4.3 城巴

I. 服役中車型

1) 丹尼士 E50D 空調 12/12.8 米 Dennis E50D (A/C) 12/12.8m

首部登記	2013
車隊編號	#6300-6497, 6501-6597, 8320-8399, 8402-8557
總載客量	130-147
車型總數	531

12.8 米 E50D 型皆配上改良版車身，上層車頭及車尾線條明顯更為圓渾。

所有 12.8 米車輛已安裝尾軸電子動力輔助轉向系統（Electric Power Assistant Steering, EPAS），可隨頭軸反向轉向。

本車型其中 2 部（#6493, 6495）在裝嵌車身時已經配用城巴曾經使用的車身色彩，並作為城巴 40 周年的特別塗裝車輛。

簡介：

自 2007 年城巴首度引入丹尼士 E500 型開始，至 2012 年開始由 E50D 型取代。由 2013 至 2021 年，城巴共採購了逾 500 輛，是車隊最多的車型。現時除了配備行李架的車輛專門行走北大嶼山對外路線外，所有 12.8 米車輛均集中行走新界長途過海路線以及啟德新發展區路線；至於其餘 12 米車輛則散見多條主要路線及過海路線。

2) 丹尼士 E50D 空調 12/12.8 米（客車版）
Dennis E50D (A/C) 12/12.8m (Coach Edition)

首部登記	2013
車隊編號	#6800-6871, 8000-8065
總載客量	120-130
車型總數	138

城巴的客車塗裝保留了牌箱四邊的黑色組件，有別龍運在該處貼上與車身同色的貼紙。

新車採用 Hanover 橙牌，屬城巴近年購車標準之一。

所謂客車（Coach）通常用於跨境或長途客運、甚至旅遊觀光之用。客車版會比普通版巴士座椅更寬敞，配備更豪華。

座位上方出風口將閱讀燈及電鐘按掣整合，閱讀燈及出風口均可調較角度。

簡介：

城巴自從 1997 年投得機場及北大嶼山對外路線專營權後，沿用的丹尼士三叉戟客車至 2013 年已近 16 年車齡，便開始以客車版 E50D 替換。新車採用高背座椅，並在冷氣槽加裝閱讀燈，為乘客提供較高規格的服務。現時本車型活躍於多條機場豪華巴士線（A 系路線）及間中行走個別機場後勤區路線（S 系路線），出車率頗為穩定。

3) 丹尼士 E50D 空調 11.3 米 Dennis E50D (A/C) 11.3m

首部登記	2013
車隊編號	#9100-9150
總載客量	122-125
車型總數	51

本車型外觀上選用與量產型 E400 型同款的頭幅設計，保留車頭兩側的樹擋。

簡介：

隨著近年港島道路環境逐步改善，12 米車輛適用性已大大提高，只有東區（寶馬山）及南區（置富花園、赤柱）部分路段仍以 11.3 米或以下長度車輛行走較為穩妥。2013 年，因為城巴的 11.3 米富豪奧林比安已屆高齡，便購入 49 部 11.3 米的 E50D 替代。相比 11.3 米丹尼士 E500 型，本車型僅較前者少 1 個座位，但由於底盤經改良提升承載力，企位增加後令整體載客量多 4 人。

本車型現時主要活躍於東區路線及部分南區路線。

4) 丹尼士 E500 空調 12 米 Dennis Enviro500 (A/C) 12m

首部登記	2007
車隊編號	#26, 8100-8319
總載客量	85-129
車型總數	220

現時本車型已在車頂裝有全球定位系統接收器，連接報站系統及車務系統。

簡介：

2007 年底，繼嶼巴及九巴之後，城巴亦趕及在同年將引入 28 輛歐盟四型的 Enviro500 巴士出牌，成為城巴車隊中首款採用直樓梯設計的車款。2008 年，城巴增購 18 部。與前批車輛不同，這批車輛樓梯棄用直樓梯轉用曲梯設計，以節省車廂空間提升載客量至 129 人，為本港首批採用曲梯的丹尼士 E500 型。現時本車型部份車輛已轉投非專利部，其餘則活躍於多條東區及南區主要路線。

城巴的 E500 改用曲梯而非九巴的直梯。

5) 丹尼士 E400 空調 10.5 米 Dennis Enviro400 (A/C) 10.5m

首部登記	2010
車隊編號	#7000-7059
總載客量	88
車型總數	60

E400 型車嘴線條分明，由外到內分別是指揮燈、高燈及低燈，防撞桿亦設有霧燈。

簡介：

2009 年運輸署批准申請及豁免兩軸車輛淨重限制後，城巴與九巴隨即引入兩部 E400 型 10.5 米版。及後城巴繼續增訂本車型，以替換旗下 10.4 米利蘭及富豪奧林比安，以及 10.3 米丹尼士巨龍等短陣巴士。現時本車型主要活躍於南區路線，大部分集中行走赤柱路線，出車率穩定。

E400 型車嘴設計較 E500 型更為流線，上層擋風玻璃面積亦擴大。

6) 富豪 B8L 空調 12 米 Volvo B8L (A/C) 12m

首部登記	2019
車隊編號	#8800-8839
總載客量	135-139
車型總數	40

有別於九巴版本，城巴批次繼續沿用傳統密閉式樓梯設計。

簡介：

2018 年，城巴向富豪購入 40 輛 B8L 型空調 12 米版。該批車輛機械規格與之前九巴購入的訂單相同，不過新車未有採用九巴版本所見的透明樓梯，並要求依新創建的新車規格，包括上層車頭裝有電視組件、全車座位配安全帶及 USB 充電插口、下層設有兩個輪椅停泊區、車尾配用加長版電牌等等。本車型活躍於啟德發展區路線及皇后山區對外路線。

由於上層車窗高度較矮，車頂的白色塗裝顯得分外鮮明突出。

7) 富豪 B9TL 空調 11.3 米 Volvo B9TL (A/C) 11.3m

首部登記	2015
車隊編號	#9500-9559
總載客量	126
車型總數	60

本車型採用 Hanover 橙牌，並配 Wright Eclipse Gemini II 改良版車嘴。

簡介：

2014 年 3 月，城巴從富豪購入 30 部 B9TL11.3 米版，以接替即將退役的 11.3 米富豪奧林比安。本車型以 126 人的載客量，成為城巴車隊中載客量最高的 11.3 米版車款。車輛主力行走南區及中半山路線，取代原來 11.3 米富豪奧林比安的服務範圍。

本車型可容納 126 位乘客，乃城巴車隊中載客量最高的 11.3 米版車款。

8) 青年汽車 JNP6105GR/JNP6120GR 空調 10.5/11.7 米 Youngman JNP6105GR/JNP6120GR (A/C)

首部登記	2012
車隊編號	#1810-1825, 1830-1845; T34-37
總載客量	61-71
車型總數	32

第一批青年汽車車長 10.5 米，比第二批略短。

簡介：

2012 年，城巴購入 16 部 10.5 米青年汽車 JNP6105GR 型，成為嶼巴之後第 2 家購入青年汽車產品的專利巴士公司。本車型除底盤及車身由青年汽車生產之外，其他機械配置均由猛獅或其他供應商提供。2014 年城巴再購入 16 部 11.7 米 JNP 系單層巴士。現時這批車型主要活躍於南區路線及中半山路線，當中 #1812-1815 在 2020 年中旬改裝為訓練巴士，編號為 T34-37。

2014 年購入的批次馬力上調至 290 匹，為現時城巴車隊中最大馬力輸出的單層巴士車款。

II. 已退役車型

1) 利蘭奧林比安空調 11 米
Leyland Olympian (A/C) 11m

本車型由 1980 年代末分批引入，輾轉服務專利部後，後期全數轉為非專利部車輛。

服役年期	1989-2015
車隊編號	#106-204
總載客量	94-113
車型總數	99

簡介：

1980 年代末期，利蘭推出空調版奧林比安車系，城巴即大手購入，取代當時車隊中老舊的非空調巴士。適逢城巴在 1991 年涉足專利巴士業務，陸續接辦前中巴路線，本車型由於全車配絨面頭枕座椅及窗簾，為城巴打造嶄新形象的首選。直至 1990 年代中期，隨著其他空調巴士車款陸續投入服務，本車型才改編為非專利部，以提供出租服務為主。

2) 利蘭奧林比安空調 10.4 米
Leyland Olympian (A/C) 10.4m

服役年期	1992-2015
車隊編號	#205-238; T13-14
總載客量	86-114
車型總數	34

簡介：

城巴引入 12 米及 11 米版利蘭奧林比安空調後，再於 1992 年引入 34 部 10.4 米版車輛，以配合城巴在 1993 年從中巴手上再取得 26 條港島區路線專營權，當中包括多條行經路窄多彎路段的赤柱路線。直至 2011 年，本車型已悉數退出專利巴士部，小部分改裝為開篷巴士、訓練巴士或售往外地，並在 2015 年 6 月已全部除牌。

3) 利蘭奧林比安空調 12 米
Leyland Olympian (A/C) 12m

首部登記	1990-2015
車隊編號	#341-395; T4
總載客量	137
車型總數	56

1998 年，城巴陸續翻新本車型，包括將上層車廂改為二加二座位編排，及為部分車輛鋪設無間斷光管。

簡介：

1993 年 9 月，城巴正式接辦中巴首批 26 條港島獨營專利巴士線及 2 條聯營過海線。這 28 條路線不乏港島北岸的「流水線」，沿路均有大批短途搭客上落，此外亦有客量龐大的南區對外路線，故此城巴遂從利蘭購入 12 米奧林比安以應付。隨著本車型車齡陸續超過 10 年，城巴在 2005 年率先將部分車輛轉售至英國。至 2010 年年底，所有專利部車輛已退出載客行列。

4) 富豪奧林比安空調 12 米
Volvo Olympian (A/C) 12m

服役年期	1994-2017
車隊編號	#324-329, 396-699; T15-16, 18
總載客量	131-140
車型總數	310

簡介：

1995 年 9 月起，城巴接辦第 2 批共 12 條前中巴路線及 2 條聯營過海路線，為應付龐大的客量，城巴開始大手從富豪購買奧林比安車系巴士。由 1994 年至 1998 年，城巴透過向富豪購買及同業收購，令本車型增至 310 輛。隨後西隧通車及拓展屯門及天水圍過海路線，城巴都有足夠車輛擴展路線。直至 2014 年第二季，本車型才相繼踏入退役潮。

5) 富豪奧林比安空調 11.3 米 Volvo Olympian (A/C) 11.3m

城巴首 50 部車輛與九巴同款車輛規格分別不大，唯城巴下層車廂中部採用橫向座椅，載客量較九巴的 120 人還要多 4 人。

服役年期	1996-2019
車隊編號	#22-23, 901-999, 9000-9042
總載客量	90-125
車型總數	144

簡介：

1991 年開始，城巴逐步接手中巴原有的路線。當時港島中半山路線一直依靠 11 米利蘭奧林比安或單層空調巴士行走，然而其單門設計對沿路分站上落的乘客始終不便。1996 年，城巴向富豪購入 50 輛奧林比安空調 11.3 米以改善服務。本車型在 2015 年開始退出專利行列，由 11.3 米丹尼士 E50D 型及富豪 B9TL 型全面取代，而部分則轉投城巴非專利部繼續服役。

6) 富豪奧林比安空調 10.4 米 Volvo Olympian (A/C) 10.4m

據説九巴也曾考慮購入本車型，但因單車門這缺點而卻步。

服役年期	1994-2015
車隊編號	#239 - 248; T6 - 9
總載客量	114
車型總數	10

簡介：

富豪在 1992 年併購利蘭後，奧林比安生產線仍獲保留，城巴於是在 1994 年購入 10 部全球唯一一批 10.4 米富豪奧林比安，成為本港車長最短的富豪空調巴士。本車型由於底盤大幅度裁短後，因需在中軸前兩邊各配 1 個油缸，便犧牲不設下車門，改以單門上落。這批巴士出牌後一直行走南區尤其赤柱路線，由 2011 年起隨著車齡漸高陸續除牌退役。

7) 富豪 B6R／ B6LE 型空調 Volvo B6R, B6LE (A/C)

服役年期	1995-2013
車隊編號	#1301-1361
總載客量	52-61
車型總數	61

本車型經過服務多年後狀態已未如理想，也是被迫閒置的原因。

簡介：

城巴在 1995 年引入全港唯一一部配亞歷山大 Dash 型車身的富豪 B6R 型（#1301），稍作測試之後，便先後增購 4 批共 60 輛。本車型行走路窄多彎的南區及中半山路面應付自如，但因為載客量有限，加上政府對本港專利巴士公司實施車隊配額。為騰出更多車隊配額購買高載客量車款，2001 年起，城巴逐步把本車型轉售或退役。

8) 丹尼士三叉戟空調 12 米 Dennis / Transbus Trident (A/C) 12m

服役年期	1997-2021
車隊編號	#25, 2200-2316
總載客量	82-129
車型總數	117

#2232-2261 批次車輛主要行走機場及北大嶼山長途路線，故即使單門上落亦應付有餘。

簡介：

丹尼士在 1997 年推出三叉戟車系時，曾向城巴供應 3 部樣版車，往後城巴再增購本車型並加以改裝提升舒適度，用於機場及北大嶼山等長途路線。2007 年 7 月 1 日起，城巴接辦深港西部通道巴士線，仍以本車型行走，直至歐盟四型的丹尼士 E500 型投入服務才調往其他路線。

9) 丹尼士巨龍空調 10.4 米
Dennis Dragon (A/C) 10.4m

服役年期	1994-2014
車隊編號	#701-740
總載客量	86-116
車型總數	40

簡介：

城巴在 1993 年從中巴手上再取得 26 條港島區路線專營權，當中包括行經路窄多彎路段的赤柱路線。為了提升南區路線服務質素，城巴除了從購入 10.4 米富豪奧林比安外，亦在同年購入 20 部 10.4 米丹尼士巨龍空調。本車型投入服務早期，曾為中區至半山路線的常用車，後來悉數轉至南區服務，至 2014 年 5 月全部除牌。

10) 丹尼士巨龍空調 12 米
Dennis Dragon (A/C) 12m

服役年期	1995-2015
車隊編號	#801-880
總載客量	129-133
車型總數	80

本車型曾涉及 1998 年年初三赤口（1 月 30 日）於灣仔杜老誌道天橋翻車意外，造成 5 死 17 傷。

簡介：

在購入 10.3 米丹尼士巨龍的同時，城巴亦購入 80 部 12 米丹尼士巨龍，應付當時從中巴手上取得部分客量高企的路線，包括過海路線及途經東區走廊的特快路線。這批車輛出牌時早期曾活躍於過海路線及途經東區走廊的特快路線，亦曾發生嚴重交通意外。隨著本車型車齡漸高及多款新車型陸續引入，部分車輛已逐步退役，至 2015 年 5 月初悉數退出載客行列。

4.4 新巴

I. 服役中車型

1) 丹尼士 E50D 空調 12/12.8 米 Dennis E50D (A/C) 12/12.8m

首部登記	2014
車隊編號	#5583-5599, 5601-5851, 6100-6209
總載客量	136-148
車型總數	347

整批車輛出牌時已配 Hanover 橙牌，車頂並設有 GPS 裝置連接自動報站系統。

新巴在 2020 年第一季為 #5588 車頂加裝太陽能板，收集的電力會為車廂照明系統、顯示屏及電牌輔助供電。

新巴引入首 86 部 E50D 型之後，以後引入的新車均配改良版車身（右）。

簡介：

2014 年，新巴夥同城巴向丹尼士購入 86 部 12 米丹尼士 E50D 型。及後，新巴再訂購 30 部 12.8 米版，作港島北岸路線之用。現時新巴共有 110 輛 12.8 米及 237 輛 12 米 E50D 活躍於多條港島北岸及過海路線，當中 12.8 米車輛主要行走客量較高的東區路線，並由 2018 年中旬起獲批行走多條東區對外過海路線，出車率穩定。

下車門續用外趟式設計，車門會先平推出車體再橫向趟開。

2) 丹尼士 E50D 空調 11.3 米 Dennis E50D (A/C) 11.3m

首部登記	2013
車隊編號	#4040-4091
總載客量	124-125
車型總數	52

簡介：

2013 年，隨著新巴旗下的中型長度巴士包括 11.3 米的豪奧林比安及丹尼士三叉戟已屆 15 年車齡，新巴訂購了 12 輛丹尼士 E50D 型 11.3 米版以作更換，並於 2016 年增購 40 輛。該批新車車側均設有閉路電視鏡頭，加強監察行車表現及保障安全。本車型活躍於東區、南區及中半山路線，及於繁忙時間支援東區過海路線

3) 丹尼士 E500 空調 12 米 Dennis Enviro500 (A/C) 12m

首部登記	2008
車隊編號	#5500-5582; T38-41
總載客量	124-129
車型總數	83

簡介：

繼九巴、龍運及城巴引入丹尼士 E500 型後，新巴終在 2008 年首度引入 18 部車輛，成為除嶼巴之外，本港最後一間推出配直樓梯車款的專利巴士公司。2011 年新巴再購入 24 部車輛，並改配康明斯 ISL 系歐盟五型引擎，成為新巴首款引擎排放標準達歐盟五型的車款。本車型早期主要活躍於多條主要過海路線，及部分馬鞍山和將軍澳區路線，而現時主要活躍於東區路線。

2011 年新巴購入的批次，已全部轉用歐盟五型引擎。

4) 丹尼士 E500 空調 11.3 米
Dennis Enviro500 (A/C) 11.3m

首部登記	2009
車隊編號	#4000-4039
總載客量	118
車型總數	40

#4000- 4019 屬全港首批 11.3 米 E500 型，車窗數目與 12 米版相同，僅將樓梯旁的車窗縮短。

簡介：

在 2008 年中旬，新創建集團向丹尼士訂購 39 部 E500 型巴士，當中除了 19 部 12 米版屬城巴車輛外，亦包括 20 部 11.3 米版新巴車輛，令新巴成為本港首家擁有兩款長度版本 E500 型的巴士公司。本車型主要集中行走港島北岸及半山路線，及後又應南區區議會要求，加派行走南區路線。

2010 年上旬新訂的 E500 型為新巴首批歐盟五型車輛。

5) 丹尼士 E400 空調 10.4 米
Dennis E400 (A/C) 10.4m

首部登記	2016
車隊編號	#3800-3859
總載客量	89
車型總數	60

簡介：

新巴在 1998 年接辦中巴路線後，曾因應 15 線（中環碼頭←→山頂）來回程必經、最低只有 4 米的加列山道天橋，便向丹尼士購入 60 部配矮版都普車身的 10.4 米丹尼士三叉戟。由於三叉戟車系已於 2002 年停產，新巴在 2016 年，改向丹尼士訂購同樣是短陣的雙層巴士 E400。這批車輛最初活躍於港島北岸及中半山路線，及後陸續派往行經石澳、大潭水塘及山頂的路線。

本車型車身屬於矮身版，行走多彎路窄的路段。

6) 富豪 B9TL 空調 11.3 米 Volvo B9TL (A/C) 11.3m

首部登記	2015
車隊編號	#4500-4529
總載客量	126
車型總數	30

本車型配上新巴首見的 Wright 車身，車嘴的日行燈會與引擎同步開關。

簡介：

2014 年 3 月新創建集團落實購入 51 部富豪 B9TL 型，當中 20 部 11.3 米版預留予新巴，是為全球首批 11.3 米富豪 B9TL 型。這批車輛規格上與 12.8 米版大致相同，包括沿用 Wright 車身、富豪自家 D9B 型歐盟五型引擎。現時整批車輛多見於 91 線（中環碼頭←→鴨脷洲邨）等南區路線，及於繁忙時間支援過海路線。

車身塗裝橙色部分根據車嘴頭燈高度延伸，未有像其他雙層車款將車窗下方面積噴上橙色。

7) 富豪 B9TL 空調 12 米 Volvo B9TL (A/C) 12m

首部登記	2016
車隊編號	#5200-5224
總載客量	136
車型總數	25

本車型比九巴版本少 2 個企位，全車以 LED 燈色調偏暖，照明效果柔和。

簡介：

新創建集團在 2014 年 3 月從富豪購入 51 部 B9TL 型後，同年下旬宣布增購多 65 部同型號車輛，其中新巴佔 35 部，包括 10 部 11.3 米版及 25 部 12 米版。這批車輛規格上與 11.3 米版大致相同，包括沿用 Wright 車身、富豪自家 D9B 型歐盟五型引擎。本車型主要活躍於東區及過海路線。

8) 富豪 B8L 空調 12 米 Volvo B8L (A/C) 12m

首部登記	2019
車隊編號	#5230-5236
總載客量	139
車型總數	7

本車型活躍於東區對外過海路線。

簡介：

2018 年 3 月新創建集團招標購入 47 部 12 米巴士，此訂單終由富豪奪得，當中 7 部屬新巴車輛。這 7 部車輛除了車身塗裝選用新巴色彩之外，其他配置皆與城巴 #8806 - 8839 相同。

II. 已退役車型

1) 丹尼士三叉戟空調 12 米 Dennis / Transbus Trident (A/C) 12m

服役年期	1998-2020
車隊編號	#1001-1190, 1201-1221, 3001-3062; T26
總載客量	131-133
車型總數	273

本車型大部分車輛出牌時均髹上當時標準的波浪形車身色彩，惟後來只有 #1001 保留原來樣式。

簡介：

在新巴從中巴手上取得港島巴士線專營權後，隨即需著手解決當時中巴車隊車齡偏高的問題。當時由於富豪仍在研發低地台車款，故丹尼士三叉戟毫無疑問成為新巴的首選。截至 2008 年，新巴已累計購入逾 400 部不同車身及長度版本的三叉戟巴士，佔當時新巴車隊約 700 部巴士逾半，之後才逐步被 E500 車系取代。

2) 丹尼士三叉戟空調 10.6/11.3 米
Dennis Trident (A/C) 10.6/11.3m

服役年期	1999-2017
車隊編號	#1401-1430, 1601-1662
總載客量	112-118
車型總數	92

#1400 系上下層擋風玻璃均為兩幅式設計，減低動輒更換整幅玻璃的成本。

簡介：

為了改善中區（堅道、般咸道）及南區（置富道、淺水灣道、春磡角道）等大型巴士難以駕駛的地區的服務質素，新巴除了引入大批 12 米丹尼士三叉戟外，亦購入 30 部 11.3 米及 62 部 10.6 米丹尼士三叉戟，以替換隊中的前中巴車輛。這批巴士初出牌時主要行走中半山、寶馬山及南區路線，故部分車輛出牌時已於上層車頭左邊裝有俗稱「樹擋」的防撞桿，應付中半山及赤柱的路面需要。

3) 丹尼士達智飛鏢空調
Dennis Dart SLF (A/C)

服役年期	1998-2017
車隊編號	#2001-2042, 2061-2094
總載客量	59-65
車型總數	76

由於新巴早前購置的短陣雙層巴士已能駕駛港島大部分路面，新購的單層巴士便無用武之地。

簡介：

1988 年，新巴向丹尼士購入 76 部丹尼士達智飛鏢，計畫提升中半山、寶馬山及南區路線為全空調服務。但新巴不久發現單層巴士供過於求，只有將部分車輛留廠閒置，或轉售外地。不過這批車輛每逢風季颱風襲港之後，山頂、石澳道及大潭道一帶路段遇上山泥傾瀉及塌樹，不宜派出雙層巴士行走之時，便會臨急受命行走有關路線，直至路面回復正常為止。

4) 丹尼士三叉戟（都普）空調 10.4/10.6 米
Dennis/Transbus Trident (A/C) 10.4/10.6m (Duple Metsec Bodywork)

服役年期	1999-2020
車隊編號	#3301-3360, 3601; T27-30
總載客量	105-110
車型總數	61

本車型車高僅 4.17 米，與後面 4.4 米高標準版明顯「高下立見」。

簡介：

中巴自開辦 15 線（中環碼頭←→山頂）以來，由於途經加列山道天橋最矮位置只有 4 米高，相比一般巴士 4.3 至 4.4 米高較矮，只有配特別設計車身的短陣版車輛才能勝任。新巴接手前中巴路線後，便向丹尼士引入配矮身都普車身的 10.4 米丹尼士三叉戟，取代前中巴車輛。新巴其後也增訂這款短陣丹尼士三叉戟，行走多彎路窄的南區路段，直至 2017 年開始逐步被丹尼士 E400 型取代。

5) 丹尼士禿鷹／巨龍空調 11/12 米
Dennis Condor/Dragon (A/C) 11/12m

服役年期	1990-2015
車隊編號	DA
總載客量	121-129
車型總數	96

本車型至晚期主要行走南區地段，當中較多行走途經薄扶林道路線。

簡介：

新巴從中巴接過港島區巴士線專營權時，同時從中巴購入 199 部巴士，當中包括 92 部 11 米丹尼士禿鷹空調巴士（DA1-92）。由於車隊交接期十分倉促，故車輛轉投新巴後未有即時翻新，僅在原來中巴標誌上貼上新巴標誌便繼續服務。由 2004 年起，這批自 1990 年引入車型已陸續步入退役潮，部分變身為本地或海外的觀光巴士，延續服務使命。

6) 丹尼士禿鷹非空調 11 米
Dennis Condor (Non-A/C) 11m

由於 DM6 專門行走 15C 線，故巴士車身均貼上山頂纜車宣傳廣告。

服役年期	1990-2008
退役年份	2008
車隊編號	DM
總載客量	130-142
車型總數	28

簡介：

新巴從中巴接過專營權時，同時一併購入全數 28 部採用吉拿引擎的非空調版丹尼士禿鷹。轉投新巴之後，因應東區路線率先大規模空調化，本車型遂調往南區路線服役，並髹上新巴標準色彩。除了後來改裝為開篷巴士的 DM6，其餘 27 部車輛在退役或轉手前，並未有再翻新車廂。

7) 富豪超級奧林比安空調 12 米
Volvo Super Olympian (A/C) 12m

本車型擋風玻璃採用兩幅式，留意車嘴「Super Olympian」鐵牌為新巴獨有。

服役年期	1999-2019
車隊編號	#5001-5103; T31-33
總載客量	129-131
車型總數	103

簡介：

新巴在 1998 年從中巴手上取得港島巴士線專營權後，即向富豪訂購 40 部 12 米版超級富豪奧林比安（B10TL）車系。雖然本車型同樣見於九巴車隊中，但由於新巴工程部曾經調節車輛波箱及進行車廂隔音工程，因此在行車表現及舒適度而言仍略勝一籌。隨著 B10TL 停產並由 2005 年推出的 B9TL 車系取代，本車型車輛數目已停止增長，並於 2017 年開始逐步退役。

8) 富豪奧林比安空調 11.3/12 米
Volvo Olympian (A/C) 11.3/12m

服役年期	1994-2015
車隊編號	VA; T10, 20, 22, 23
總載客量	120-135
車型總數	74

簡介：

1998 年，新巴從中巴手上接過港島路線專營權時，同時購入 199 部巴士，以協助短期車隊交接，當中包括 62 部 11.3 米富豪奧林比安空調，而中巴原有的 VA62 及 VA64 亦被保留編入新車隊。在購入巴士數年後，新巴陸續翻新，又借出部分車輛作九鐵接駁巴士，甚至變身為觀光巴士，「晚年」生活可謂多采多姿。

9) 利奧普林 N4026 空調 12 米
Neoplan Centroliner (A/C) 12m

服役年期	2000-2019
車隊編號	#6001-6030
總載客量	126
車型總數	30

本車型的「禁海令」，至 2009 年才解除。

簡介：

新巴於 2000 年從利奧普林購入 30 部巴士。由於本車型屬新巴踏入千禧年後首款新車型，故新巴將之命名為「新里程新巴」，突出其時代性。但由於本車型採用無大樑底盤設計（行內稱為「牙籤陣」，又稱密封式底盤），一旦巴士在海底隧道管道內壞車，隧道公司派出叉式拖車將巴士車頭抬起拖行時，就會令底盤在拖行中途因重量不均而損壞，故新巴禁止本車型過海，至後來才「解禁」。

4.5 嶼巴

I. 服役中車型

1) 丹尼士 E400 型空調 10.4 米 Dennis Enviro400 (A/C) 10.4m

首部登記	2018
車隊編號	AD
總載客量	88
車型總數	14

簡介：

隨著大嶼山的發展，嶼巴於2017 年購入 14 部矮車身版丹尼士 E400 型。本車型與新巴較早前訂購的同款，配以嶼巴最新規格的仿木防滑地台，同時髹上全新車身塗裝及在車內設 USB 充電插座。新車在 2018 年 10 月率先行走來往港珠澳大橋香港口岸的路線，當嶼南路路面工程竣工後，本車型亦在 2019 年 1 月起派駐 3M 線（東涌市中心←→梅窩）。

2) 猛獅 ND323F/ND363F 空調 12 米
MANA95 ND323F/ND363F (A/C) 12m

車輛全數髹上新車身塗裝，以青綠色及藍綠色為主調，並配白色斜向的「N」字。

首部登記	2015
車隊編號	MD, MDR
總載客量	127-130
車型總數	44

簡介：

猛獅在 2013 年推出 A95 車系後，嶼巴便訂購 10 部，包括 9 部 ND323F 型及 1 部 ND363F 型，為嶼巴首批全新的低地台雙層巴士。本車型主力行走東涌區內路線，後來亦有行走深圳灣口岸路線。2017 年，因應大嶼山的急速發展，嶼巴再增購 30 多部本車型。這批車輛轉用改良版車身及全新車身塗裝，為現時嶼巴最新車輛規格。

配上改良版車身後以黑色車咀襯出猛獅廠徽。

3) 猛獅 18.350/18.360 空調 12 米
MAN A91/R33 18.350/18.360 HOCL/R (A/C) 12m

首部登記	2007
車隊編號	MN15 - 19, 79-91, 96-119
總載客量	65-67
車型總數	37

MN15 19 屬雙門上落設計，雖設低地台車門，惟乘客仍需登上 3 級進入車廂。

簡介：

有別於此前引入的猛獅單層巴士，2007 年嶼巴購入的 5 部猛獅 18.350 型（A91 系），既非低地台底盤，亦非採用外國車身，而是選用本港車身製造廠亞洲（Asia）車身。這批巴士首先派往行走東涌區內線，2007 年 8 月中旬，再被派行走深港西部通道，後來陸續調回大嶼山行走嶼南區路線。及後嶼巴再由母公司冠忠集團的其他子公司收購本車型，令車型總數達 30 多輛。

從側面看 A91 型車身相當修長，兩條車軸之間設有行李艙。

4) 猛獅 18.310 空調 12 米

MAN A51 18.310 HOCL/R (A/C) 12m

首部登記	2004
車隊編號	MN20- 29, 40-78
總載客量	57-63
車型總數	49

嶼巴同期引入猛獅 A51 及 A91，雖然同樣採用本地車身製造商亞洲（Asia）車身，但 A51 採用單門上落，所以能輕易區分出來。

簡介：

嶼巴在 2007 年 7 月，向同屬冠忠子公司的環島旅運購入 10 部猛獅 18.310 型（A51 車系）。本車型引入後，適逢東涌道路面擴闊前期工程竣工，從東涌市中心至伯公坳一段路面已有改善，本車型亦開始調派行走嶼南路線，並接替五十鈴（ISUZU）旅遊巴士成為嶼南路線主力。經歷多次接收其他子公司的二手車輛後，本車型數目已增至 49 部，一躍成為嶼巴現時車輛最多的車型。

本車型是嶼巴現役車中最多的車型。

5) 青年汽車 JNP6122G 空調 12 米

Youngman JNP6122G (A/C) 12m

首部登記	2010
車隊編號	YM
總載客量	73
車型總數	24

青年汽車雖是內地品牌，底盤卻來自德國的奧普林（Neoplan），引擎則來自猛獅。

簡介：

踏入 2010 年中旬，為應付東涌區內線及過境路線的客量增長，嶼巴購入 9 部車輛青年汽車 JNP6122G 型。這批新車配合利奧普林底盤設計及猛獅自家 D2066 系歐盟五型引擎組成，屬嶼巴首款引擎排放標準達歐盟五期的車型。本車型起初主要行走東涌區內路線，其後部分已轉至元朗及天水圍至深圳灣口岸過境路線服務。截至 2021 年，嶼巴已擁有本車型共 24 輛。

當初嶼巴引入本車型，是替換即將退役的丹尼士飛鏢及富豪 B6LE 型單層巴士。

II. 已退役車型

1) 五十鈴 JALLT132/JALLT133 空調 ISUZU JALLT132/JALLT133 (A/C)

服役年期	1998-2010
車隊編號	ILS75-125, 131-135
總載客量	45-66
車型總數	56

ILS86 是嶼巴本車型首部裝上電牌及全港首部裝上 Gorba 電牌的車輛。

簡介：

五十鈴這個日本汽車品牌，在 1980 年代至千禧年初，曾是新大嶼山巴士的主力車型。嶼巴曾於 1979 年引入過利蘭勝利二型，但車輛無法駕馭嶼南西面的陡斜路段而放棄，改用車價低又較靈活的五十鈴單層巴士。由首 5 部五十鈴 JCR460 型開始，累計嶼巴雖然僅引入百多部五十鈴，但卻配上多款車身。除著車齡漸高載客量又不敷應用，本車型終於在 2010 年悉數除牌。

2) 富豪 B6LE 空調 10.6 米 Volvo B6LE (A/C) 10.6m

服役年期	2007-2011
車隊編號	VL
總載客量	52
車型總數	6

簡介：

為配合嶼巴在 2007 年 7 月 1 日起接辦深港西部通道跨境巴士線，嶼巴向城巴購入 9 年車齡的富豪 B6LE 型補充車隊空缺。但由於嶼巴在東涌的區內線班次普遍頻密，這批車輛能滿足東涌區內線短途及高企的客量需要，故在嶼巴服務期間，本車型一直未有調離東涌區內線行走，至 2011 年 8 月底才相繼退役，結束在嶼巴 4 年服務生涯。

第五章
巴士路線解讀

70 年代之前，巴士路線的編號是根據路線開辦的先後次序由 1 號開始順序排列。直至 1973 及 1976 年，九巴及中巴才先後分別將路線編號地區化，使乘客可輕易地從路線的編號之中，分辨出其前往地區及性質。

最初的巴士路線編號是僅以數字方式表達，惟後來配合路線多元化及性質發展，巴士公司遂在數字前後，加上不同的英文字母區分，漸漸建構出今天完善的路線編號體制。不過，隨著開辦後行車路線有所更改，有些就算是配上「 X 」字收尾的路線編號，也不代表就是如假包換的「特快路線」。

而為了方便乘客容易辨識巴士路線編號，所有巴士路線的編號都不會多於 4 個字元。現時最大的單一路線系為城巴 962 系 (962, 962A, 962B, 962C, 962E, 962G, 962N, 962P, 962S, 962X, N962, R962, X962)，擁有達 13 條路線。值得留意的是，下表的「路線編號」並不適用於任何非專利路線，只有專利巴士路線才會根據地區劃分而編號，非專利路線多作順序編排。

5.1 英文字母前綴路線

英文	分類 / 意思
A	機場特快路線（嶼巴 A35 線除外）；港鐵西北輔助路綫 (已停用)
B	過境口岸接駁路線；彌敦道購物路線（已停用）
E	北大嶼山及機場路線（東涌及 / 或機場後勤區）
H	觀光路線；醫院特別路線（已停用）
HK	2008 年北京奧運香港馬術比賽賽場接駁路線

【鴨脷洲（利樂街）↔ 機場)】

【天水圍（天慈邨）↔ 深圳灣口岸】

【天水圍市中心 ↔ 機場（地面運輸中心）】(已取消)

【中環（天星碼頭）↔ 尖沙咀】

【大學站 ↔ 奧運馬術比賽場地】(已取消)

K12

【大埔墟站 <-> 八號花園】

K75

【天水圍站 <-> 洪水橋】(已取消)

N76

【上水 <-> 落馬洲】(已取消)

P960

【兆康站（北）<-> 會展站】

英文	分類 / 意思
K	港鐵東鐵及西鐵綫接駁路線
M	港鐵機場快綫接駁路線
N	通宵巴士路線；節日特別路線
NA	通宵機場巴士路線
P	長途豪華巴士路線

英文	分類 / 意思
R	迪士尼樂園路線；節日特別路線
S	機場後勤區路線
T	繁忙時間特快路線；假日路線（已停用）；臨時路線（已停用）
W	廣深港高速鐵路接駁路線
X	亞洲國際博覽館特別路線；繁忙時間特快路線；節日特別路線；青嶼幹綫特別路線（已停用）

R8

【迪士尼樂園 <-> 青嶼幹綫轉車站】

W1

【金鐘（西）<-> 高鐵西九龍站】(已取消)

X21

【尖沙咀（中間道）<-> 亞洲國際博覽館】(已取消)

T277

【上水<-> 藍田站】

5.2 港島路線編號（個位及十位）

編號	分類 / 意思
1、10 - 19	港島北岸（中環、跑馬地、北角、鰂魚涌、西灣河）路線
2、20 - 29	港島北岸（半山區、勵德、寶馬山、筲箕灣）路線
3、30 - 39	港島南區（域多利、置富、薄扶林）路線
4、40 - 49	港島南區（薄扶林、數碼港、華富、田灣、黃竹坑）路線
5、50 - 59	港島西區（摩星嶺、堅尼地城、西環）路線
6、60 - 69	港島南區（赤柱、馬坑、春磡角）路線
7、70 - 79	港島南區（華貴、田灣、香港仔、石排灣、深灣、數碼港）路線
8、80 - 89	港島東區路線
9、90 - 99	港島南區（石澳及鴨脷洲）路線

37A

【置富花園 ↔ 中環】

76

【石排灣 ↔ 銅鑼灣（邊寧頓街）】

82

【小西灣（藍灣半島）↔ 北角碼頭】

85

【小西灣（藍灣半島）↔ 北角】

9

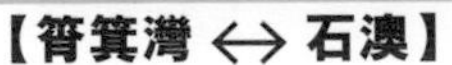

【筲箕灣 ↔ 石澳】

5.3 九龍新界路線編號（個位及十位）

編號	分類 / 意思
1 - 29	九龍市區路線（900、907B 及 907C 綫除外）
30 - 49	新界荃灣及葵青區路線
50 - 59	新界元朗及屯門區路線

7

【樂富 ↔ 尖沙咀碼頭】

39M

【荃灣（荃威花園）↔ 荃灣站】

41

【青衣（長青邨）↔ 九龍城碼頭】

58M

【屯門（良景邨）↔ 葵芳站】

60M

【屯門站 ↔ 荃灣站】

66

【大興 ↔ 深水埗（欽州街）】(已取消)

75X

【大埔（富善）↔ 九龍城碼頭】

81

【禾輋 ↔ 佐敦（西九龍站）】

98A

【坑口（北）（將軍澳醫院）↔ 牛頭角站】

編號	分類 / 意思
60 - 69	新界屯門及天水圍區路線
70 - 79	新界大埔及北區路線；港鐵天水圍區接駁路線（ 976 綫除外）
80 - 89	新界沙田區路線
90 - 99	新界西貢及將軍澳區路線

5.4 路線編號（百位）

編號	分類 / 意思
1XX	途經紅磡海底隧道路線
2XX	九巴豪華或全空調路線；港島假日路線
3XX	九龍或新界晨早特快過海路線（307 綫除外）；港島假日及節日特別路線
5XX	中巴全空調路線；城巴全空調路線；港島南區特快路線；城巴跨境路線（已停用）；港鐵屯門區接駁路線

103P

【蒲飛路 ⟷ 旺角（染布房街）】（已取消）

112

【北角（百福道）⟷ 長沙灣（蘇屋邨）】

203C

【深水埗（大坑東）⟷ 尖沙咀東(麼地道)】

307

【大埔中心⟷中環碼頭】

315

【赤柱廣場（馬坑）⟷ 山頂】（已取消）

506

【屯門碼頭 ⟷ 兆麟】

【順利 ⟷ 中環（港澳碼頭）】

【柴灣（東）⟷ 馬鞍山（烏溪沙站）】

【海麗邨 ⟷ 九龍塘（又一城）】

【荔枝角 ⟷ 灣仔北】

【荃灣（愉景新城）⟷ 銅鑼灣（摩頓台）】

編號	分類 / 意思
6XX	途經東區海底隧道路線；港鐵元朗及天水圍區接駁路線（已停用）
7XX	新巴將軍澳及西九龍區路線；港島東區走廊特快路線
8XX	沙田馬場特別路線
9XX	途經西區海底隧道路線

5.5 英文字母結尾

編號	分類 / 意思
A	輔助或伸延路線
B	輔助或伸延路線
C	輔助或伸延路線；節日特別路線（已停用）
D	輔助或伸延路線；九巴回歸旅遊路線（已停用）；迪士尼樂園深宵路線（已停用）
E	輔助或伸延路線
F	輔助或伸延路線
G	輔助或伸延路線

73A

【粉嶺（華明）↔ 愉翠苑】

74A

【大埔（太和）↔ 啟業】

969B

【天水圍市中心 ↔ 灣仔】

15C

【中環（天星碼頭）↔ 花園道（山頂纜車總站）】

42C

【青衣（長亨邨）↔ 藍田站】

37H

【迎東邨 ↔ 滿東邨 (經北大嶼山醫院)】

86K

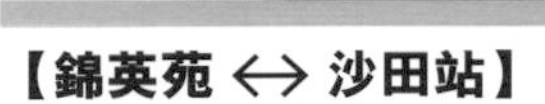
【錦英苑 ↔ 沙田站】

16M

【觀塘（裕民坊）↔ 藍田（康華苑）】

3P

【慈雲山（南）↔ 彩雲】(已取消)

797R

【調景嶺地鐵站 ↔ 清水灣】(已取消)

編號	分類 / 意思
H	醫院接駁路線
K	港鐵東鐵綫接駁路線
M	港鐵接駁路線
N	深宵及清晨路線
P	繁忙時間路線；特快路線；臨時路線（已停用）；假日路線（已停用）
R	節日特別路線；假日路線；臨時路線（已停用）； 紅磡體育館、香港大球場及灣仔會議展覽中心特別路線； 跑馬地馬場（往九龍）特別路線；海洋公園及數碼港特別路線（已停用）

編號	分類 / 意思
S	繁忙時間路線；節日特別路線；通宵路線（已停用）； 深宵及清晨路線；港鐵緊急接駁路線；新巴西九龍特快；深宵路線； 跑馬地馬場（往港島）特別路線
U	屯門公路轉乘站接駁路線（已停用）
X	特快路線

38S

【葵芳站 ⟷ 荃灣華人永遠墳場】

71S

【大埔（富善）⟷ 廣福】

14S

【油塘 ⟷ 將軍澳墳場】

279X

【粉嶺（聯和墟）⟷ 青衣站】

A47X

【大埔（富亨）⟷ 機場（地面運輸中心）】

第六章
巴士車廂配置的演變

6.1 巴士售票及路線展示

過往巴士的設備十分簡單，單層巴士一般會有最多 2 名售票員，而雙層巴士就會有達 3 名售票員，負責為乘客進行售賣車票工作，視乎部分車型而訂。隨著在 60 年代起巴士路線開始加設分段收費，以及陸續引入載客量越來越龐大的巴士，舊有的售票模式開始變得煩瑣及不合時宜。

60 年代中巴的車票。
(網上圖片)

70 年代之前香港巴士以單層為主，一般會有最多 1-2 名售票員。

70 年代引入香港的丹拿珍寶(前)，是首款後置引擎巴士，方便司機直接監察乘客投入車資。

直至 1971 年，這種模式被一百八十度徹底改變，中巴率先引入了一人控制模式（One Man Operated, OMO）的巴士操作方式，由巴士司機身兼售票員職位，乘客在上車門登車後直接投入車資，不設找續，直接取代了售票員的地位。及後在 70 年代早期引入的首款後置引擎巴士——丹拿珍寶，更加方便司機直接監察乘客投入車資，而無需如以往般轉身觀望那麼不便。巴士車上的售票員亦在 1982 年被全面淘汰。

而在 1997 年 9 月起，配合電子貨幣系統八達通投入服務，乘客除了以輔幣繳付車資外，還可以八達通卡拍卡付費，大大方便乘客登車的效率，同時亦減低巴士公司分類及處理輔幣時的成本。

八達通大大方便乘客登車的效率。

現今的低地台巴士則採用電動控制、氣壓推動的混合設計，令車門的開關更有效率及可靠。

值得一提，早期的巴士由於設計上的不完備，因當時的推拉式橫閘車門不能由司機控制，而需由專人手動拉上。後來於 50 年代起車門陸續改為電動設計，並於 80 年代起改為表現更可靠的氣壓推動設計，一直沿用至低地台巴士的引入為止。現今的低地台巴士，則採用電動控制、氣壓推動的混合設計，令車門的開關更有效率及可靠。有趣的是，在 60 年代以前，乘客若需要下車，並非如現在按下電子鐘提示司機般方便，而是需要在下層車廂拉通一條長長的幼繩，以敲動駕駛室旁邊的吊鐘提示司機。

而在巴士的路線牌箱方面，最初巴士路線的牌箱是以一幅過布牌方式展示，後來將地點和路線編號分開布軸顯示，增強其靈活性。直至 1993 年九巴率先引入塑膠製路線牌（膠牌），牌箱以兩幅膠牌捲動交替，顯示巴士兩邊的目的地，而路線編號亦以膠牌獨立顯示。

上世紀的布軸牌箱。

踏入 80 年代，巴士公司亦相繼引入電子路線牌（電牌）。最初只以電子方式顯示路線編號，後來擴展至將所有路線儲存在路線牌記憶體當中，方便車長隨時更替路線編號及地點顯示。其實電牌設計早在 80 年代已開始試驗，惟早期試驗效果不彰，後來有關技術發展成熟，近年更以液晶體顯示屏取代過去的磁板設計，改善可視角度並增強其光度和耐用度。

LED 顯示屏在任何環境下都能清楚顯示路線資訊。

今時今日巴士的牌箱除了顯示路線，也可以顯示其他資訊。

退役巴士的命運

因應近年政府對於巴士車齡的要求漸高，除了因意外或嚴重損耗而需提早退役外，本港的專利巴士壽命約為 16 至 18 年左右；而非專利巴士由於不受政府嚴格限制，因此車齡往往可以高達 20 年。退役後的巴士，有小部份會被巴士公司保留，退出載客行列而不會除牌；另外有小部份會被改為訓練巴士、工程車甚至閒置在廠作雜物房等用途；此外亦會有退役巴士被巴士公司轉贈至其他機構，經過改裝後作慈善福利或推廣教育等用途。不過，大部份的退役巴士，都會作公開招標，然後被廢鐵回收場競標購入，將巴士肢解作廢鐵轉售圖利。

90 年代後期，由香港退休的珍寶巴士，晚年搖身一變，改為服務祖國的同胞。

假如巴士保養得宜，退休後改為觀光巴士或訓練車輛是較理想的出路。

6.2 巴士座椅

早期香港所有的巴士車型都是前置引擎設計，即是巴士引擎設於駕駛室的左方，間接將駕駛室跟下層車廂獨立分開。及至 1949 年九巴引入首款雙層巴士，前置引擎設計仍然沿用。在戰前及戰後早期，中巴曾經將旗下巴士劃分為頭等及普通車廂，分別配絲絨座椅以及木製座椅，成為日後豪華巴士的雛型。

早期巴士的引擎皆設於駕駛室的左方。

過去九巴及中巴都曾推出真皮座椅作為豪華巴士的座椅，將舒適度大為提高。可惜由於本港夏天天氣悶熱潮濕，早期的豪華巴士又缺乏空調設備，配上真皮座椅反而令乘客汗流浹背、大吃苦頭。後來在 70 年代後期，備有空調系統的豪華巴士推出，才令豪華巴士慢慢普及。

第一代木製橫條座椅。

第二代玻璃纖維座椅。

第三代乳膠軟皮座椅。

多年以來，巴士座椅一直沒有太大改變：木製橫條座椅在 60 年代開始被玻璃纖維取代；在 70 年代又推出了乳膠軟皮座椅，也即是現時非空調巴士的座椅款式；及至 80 年代空調巴士的引入，人造皮座椅亦成為座椅的主流用料，更方便清潔；踏入 80 年代末，巴士的座椅更加設頭枕高背，配以 2+2 座位編排（即車身兩邊各設有 2 個座位），取代以往的 3+2（即車身一邊設 3 座位，另一邊設 2 座位）設計。座椅加闊之餘，亦符合年代發展下乘客的體型增長，令旅途更添舒適。

第四代絨面座椅。

第五代人造皮座椅。

第六代絲絨高背豪華座椅。

第七代人造皮高背豪華座椅。

6.3 車廂其他配置

在空調巴士大量引入以後，巴士的設備踏入 90 年代末期，亦陸續進入數碼化的階段。首項的突破，是九巴在 1997 年引入首款低地台巴士，配備輪椅斜板及輪椅擺放區，開拓了無障礙運輸的大趨勢。

無障礙設施是現今巴士必備的配套。

在 1998 年，巴士的車資顯示亦由過去的紙牌改為電子顯示，同年九巴亦試驗性地引入即時報站系統，由車長操作提示乘客下個分站，在 2006 年九巴車隊已經全面裝設報站系統；而在 2008 年新巴及城巴亦開始試驗衛星導航報站系統，以無線資料傳輸技術（GPRS）自動更新報站資訊，進一步方便殘疾人士知悉所在位置。配合定位技術而至的到站時間預報服務，亦在 2012 年及 2014 年起分別在城巴機場快線及九巴和龍運路線應用，乘客可以透過巴士公司網站或手機應用程式查閱班次。

而在車廂配套設施方面，1999 年 7 月新巴及九巴都先後試驗性地在巴士上安裝接收電台節目訊號，在車內播放電台音樂及資訊節目，開創巴士媒體化的年代。及後在 2000 年及 2001 年，兩間流動多媒體製作公司，路訊通（RoadShow）及 M-Channel 先後成立，分別為九巴、龍運、城巴以及新巴在車內提供多媒體資訊服務，透過在巴士內的液晶體屏幕，循環播放預先錄製的節目。

M-Channel 在 2004 年結業後，車廂多媒體資訊供應商其後就只餘下路訊通一間公司，在 2011 年該公司更在屏幕下方加設資訊列提供即時新聞服務，影片由以往的光碟播放器改為以小型電腦操作，進一步提升畫面質素及穩定性；至 2012 年 7 月 1 日起，新巴及城巴旗下車隊之車廂廣播，由路訊通轉為由本港廣告承辦商全資擁有的 buzplay，繼續提供車廂多媒體廣播服務。

新巴及城巴車廂內仍有提供多媒體廣播服務。

此外，千禧年代的車廂配置，亦逐步配合流動網絡發展。早在 2008 年新巴及城巴已率先提供免費無線上網服務，九巴亦在 2015 年起陸續為旗下車輛增設同樣服務。而由 2017 年起新出牌的九巴及龍運車輛，除了提供無線上網服務外，部分座椅旁邊更增設 USB 充電插口。在流動網絡滲透率日高之下，為九巴及龍運提供多媒體服務的路訊通已由 2017 年 7 月 1 日起停播，改為專營巴士站廣告及售賣紀念品業務。

RoadShow 已由 2017 年 7 月 1 日起停播。

由 2017 年中旬起，九巴陸續為車輛加裝 USB 充電插口及提供免費 Wi-Fi 服務。

部分往返機場的豪華巴士（客車版）座椅均能調較椅背，腳踏亦可兩段下放。

客車版大部份車窗均設太陽簾，窗框兩側設有兩組小勾讓太陽簾兩段下放。

第七章
巴士站亭巡禮

7.1 香港巴士站概論

50 年代之前乘客可以隨意要求巴士停車上落。

香港的巴士服務由 20 世紀初開始起步，迄今發展已逾一個世紀。巴士路線亦由最初點到點接送，後來才見有中途分站方便乘客。在 50 年代之前，九巴在新界的路線除了總站以外基本上不設巴士分站，乘客可以隨意要求巴士停車上落客，後來因應政府要求才陸續設有固定的巴士分站指定巴士在該處上落客，全港巴士站的數目自此穩步增長。

發展至現在，巴士公司普遍會按照路線性質及地區需要，於指定地點設置中途站安排巴士停靠。截至現時，全港兩邊分站最多的巴士路線為九巴 53 線（元朗東站←→如心廣場），連同起訖點共有 146 個車站。

據統計至 2019 年全港共有約 8,800 個巴士站，平均每區約有 500 個巴士站，部份為設於室內的大型公共交通交匯處或巴士總站。巴士公司興建的巴士站上蓋約有 3,200 個，其中九巴轄下的巴士站上蓋約 2,500 個。

面對為數眾多的室外巴士站，巴士公司也察覺到提供合適候車環境的需要。除了在巴士分站設有站牌標示之外，在早期的大型總站已經設有巴士站上蓋。這些上蓋最早見於上世紀 40 年代，隨著時代發展及實際需要，從外觀設計到物料都有不同程度的轉變。本文將分述介紹在香港多間專利巴士公司及個別非專利巴士公司旗下管理的巴士站上蓋及站牌，讓大家能夠簡略明瞭本地巴士站上蓋及站牌的發展源流。

7.2 興建巴士站亭流程

雖然巴士站上蓋漸見普及，但其實興建一個巴士站上蓋過程殊不簡單。巴士公司在申請於巴士分站或總站興建巴士站上蓋或設置站牌時，必須先得到運輸署的批准，因為香港政府為土地業權擁有人。提交申請時，巴士公司須向運輸署提供建議興建巴士站的位置、上蓋的設計、體積及廣告牌數目等資料以進行初步審批。

興建一個巴士站需經多個政府部門審議。

運輸署會先從轄下的交通工程部索取建議興建巴士站上蓋路段的行人流量、地下設施等資料，並評估對其他道路使用者的視線、行人及商戶可能帶來的影響等。運輸署之後會就此諮詢各有關部門的意見，例如民政事務總署會諮詢建議興建巴士站上蓋附近商戶及地區人士的意見（通常透過區議會交通及運輸委員會會議）、土木工程拓展署會審視鄰近是否有未評估風險的斜坡、路政署會考慮擬建巴士站對其他道路工程的影響等。

在得到運輸署初步同意後，巴士站上蓋的設計及用料就須經過路政署環境美化組轄下的「橋樑及有關建築物外觀諮詢委員會」評核和審批。該委員會管轄範圍主要包括行人天橋、高架橋、行車天橋、行人隧道以至近年在行人天橋加建的升降機機樓外觀等，但由於巴士站上蓋屬於設於路旁的建築物，因此外觀設計也需要經過此委員會審批。

委員會由路政署助理署長出任主席，由路政署橋樑及結構部、土木工程拓展署、規劃署、房屋署、建築署、香港建築師學會及香港工程師學會派出代表擔任委員，此外也包括來自學術界的代表，由香港中文大學建築學系、香港大學建築系及香港理工大學設計學院輪流出席。

委員會在收到需要審閱的文件後，會從美學、景觀及綠化角度審核設計建議，衡量有關站上蓋的設計是否適切，代表路政署署長接納有關設計或提出修訂建議。委員會亦可向路政署署長建議可應用的標準及程序，令有關建築物的設計富有美感或對相關事宜提供一般指引。

巴士站除了實用，設計也要配合周邊的環境。

由於巴士公司需要負責日後巴士站牌及上蓋的管理，一般由巴士公司的資產管理部門負責承建及日常維修、清潔等開支。為了減輕巴士公司的經營成本，政府在知悉巴士公司已於巴士站展示足夠的服務資料予乘客查閱的前提下，除非諮詢時收到反對，否則基本上均不會反對巴士公司裝設廣告牌及燈箱板，以彌補日常開支。值得一提的是，根據政府與專利巴士公司的協議規定，在巴士站上蓋展示廣告及其他輔助設施所帶來的收益都須納入專營帳目中，也是可加可減機制涵蓋計算範圍之內。

現今的巴士站除了服務乘客，也成為巴士公司的戶外廣告平台。

九巴外判予承建商於大埔汀角路西行大元邨分站興建中的巴士上蓋，與後方的上蓋設計相同，相中可見上蓋支柱及坑板已經完成裝嵌，只剩餘髹上油漆、裝上站牌及路線資料板（俗稱「乳豬盤」）等後期工序即可使用。

巴士公司為了因應不同興建地點的行人路闊度、地底設施及路面環境等因素，在上蓋設計上通常備有多種設計及物料樣式以因地制宜。下文再就各家專利巴士公司的巴士站上蓋，在不同年代的設計輔圖及文字説明。

7.3 九巴站亭細述

早於一九二零年代已提供巴士服務的九巴，於 1933 年 6 月取得九龍區專利巴士專營權。由於當時巴士站的設施，從站牌到上蓋以至站長室均較為簡陋。隨着乘客的需要及科技進步，巴士公司遂逐漸於室外巴士總站及分站加設巴士站上蓋，以改善乘客的候車環境。

50 年代之前

在 50 年代及以前，巴士站上蓋其實並不多見，主要見於多條巴士路線匯集的大型巴士總站。又因為當時過海交通主要依靠渡輪，故大型巴士總站通常都位處碼頭，在九龍區較為人熟悉的有尖沙咀天星碼頭。此外其他碼頭例如佐敦道碼頭、大角嘴碼頭、觀塘碼頭等早年並未有任何上蓋設施，部分甚至連分隔人車的路壆車坑也欠奉，僅以站牌及人龍分隔。

1947 年的尖沙咀天星碼頭巴士總站，可見總站設有 6 條車坑，因應車坑長度設有 3 至 5 條支柱不等的混凝土圓邊上蓋。（資料來源：香港公共圖書館）

今時今日的天星碼頭總站依然人流如鯽，巴士站上蓋在 50 年代重建後，除了後來加設的大型站牌及站長亭之外，基本上沒多大改動。

【第一代：鋼筋混凝土上蓋】

直至 60 年代開始，因應部分總站及分站人流眾多，巴士公司遂興建上蓋同時改善總站管理。不少碼頭總站、新建的巴士總站及人流較多的分站均開始加建鋼筋混凝土上蓋，由於早年可以採用的物料不多，鋼筋混凝土毫無疑問就成為第一代上蓋的主要物料。

由於早年啟德機場位於九龍城區，故當年九龍城區便成為了第一代上蓋的所在地，圖中的亞皆老街遊樂場分站上蓋採用 T 字型設計，混凝土製的上蓋已預留位置直接插上站牌，底部同時裝有照明燈。

方形柱身及褐紅色塗裝是第一代混凝土上蓋的特色，雖然大部分上蓋都是方形，但在葵涌石英徑分站則見有獨特的圓邊上蓋。

於 1958 年啟用的九龍城碼頭，圓形柱身上接倒 L 字形的圓邊上蓋，與前述兩圖設計稍有不同。

直至 90 年代之前啟用的大型巴士總站，都不難見到這類混凝土上蓋。留意混凝土上蓋下方仍留有鐵架及嵌上白色木板，早年曾用以展示泊站路線及目的地。相中九龍城碼頭的混凝土上蓋已在 2018 年 5 月起停用拆卸。

建於 60 年代的慈雲山南巴士總站，上蓋建於石壆之上並設有候車欄杆分隔。這類不設照明燈的上蓋經過重髹後，頂蓋四邊已髹上鮮紅色。

建於 60 年代中期的蘇屋邨巴士總站，柱身之間以混凝土取代鐵欄杆，避免乘客跨越欄杆造成危險。

部分公共屋邨的巴士總站在啟用時已經設有混凝土上蓋，以灰色噴砂圓柱支撐上蓋，有別於由九巴建造下半部髹上褐紅色的設計。

現稱觀塘鐵路站巴士總站早在 1979 年啟用，其中 2 個月台的上蓋同時建有站長室。留意自 70 年代後期起興建的混凝土上蓋，部分會在柱身之間的排隊欄上加裝鐵製告示板，通常用以張貼政府海報。

早年巴士公司多於混凝土上蓋加上路線牌，標明停站路線及行經地點以茲識別，後來才陸續於上蓋旁加上站柱。

【第二代：水泥纖維質坑板上蓋】

隨着愈來愈多總站及分站需要興建上蓋，但未必所有路面都如巴士總站般有寬闊空間興建混凝土上蓋。為了配合不同路面環境加上街道狹窄的問題，巴士公司便需要推出更節省路面空間的上蓋設計。相比混凝土上蓋，由 90 年代推出的第二代上蓋設計就較為簡單實用，標準版上蓋由 3 吋寬的鐵通支撐，不連站牌淨高 2.95 米，以交疊邊緣方式鋪設闊 1.7 米的水泥纖維質坑板。坑板及鐵通可以根據路面情況靈活調節，減省佔用路面之餘，也可以回收再用節省成本，因此亦適合建於屬臨時性質的巴士總站。

位於大埔公路北行赤泥坪分站的水泥纖維質坑板上蓋，設有 5 條鐵通支撐上蓋並掛上路線資料表，屬於標準設計。

2003 年佐敦道碼頭巴士總站停用後，由位於匯翔道的總站取而代之，該站運作僅 6 年亦告停用遷往渡華路，期間上蓋以可重用的水泥纖維質坑板設計。

位於葵盛游泳池分站的上蓋由於路面空間有限，不論長度及坑板闊度都比標準版「迷你」得多，但在高度不變的情況下使上蓋僅能作遮擋太陽之用。

在新界鄉郊地區，由於途徑的巴士路線班次疏落，附近村民會將尚算完好的座椅甚至梳化放在巴士站上蓋之下，形成獨有的新界風光。

原本位於聯合道及杏林街交界的樂富巴士總站，在 1984 年遷往現址樂富廣場室內巴士總站，原址則部分改建成休憩公園，並由黃大仙區議會出資在路邊加建上蓋。此上蓋完工後已移交九巴管理及維修。

【第三代：鋁質上蓋】

在 90 年代開始，九巴亦有另一款由鋁作主要物料的巴士站上蓋，採用鋁質方柱設計，上蓋外圍由鋁質蓋板包圍，蓋頂鋪設水泥纖維坑板疏導雨水。此款上蓋其中一大特色，是可以配合斜路採用梯級式設計，與此同時上蓋外圍亦有位置展示站名及停站路線編號，旁邊設有旋轉告示板附有停站路線的資料表。

位於三門仔總站的窄版鋁質上蓋，不設站名展示，左邊的旋轉告示板屬四方設計，可以張貼最多 8 張路線資料表或乘客通告。

位於大學鐵路站的上蓋雖然與左圖同類型，但旋轉告示板就改用了圓形設計，圓軸分 4 欄共可展示最多 12 張路線資料表或通告。同時留意部分第三代及第四代建於巴士總站的上蓋已經裝有顯示屏，提示乘客下班車開出時間。

相比起鋼筋混凝土及水泥纖維質坑板上蓋，鋁質上蓋其中一個更為優勝之處，就是可以按照路面情況以梯級形設計。

小部分鋁質上蓋不會安裝圓邊飾板，只以方框設計示人。

從高處俯瞰鋁質上蓋，可見上蓋仍然裝有坑板，雨水會循斜向的坑板經中空柱身內的排水管導向地面。

部分深灰色的鋁質上蓋同樣採用方框設計，站名及路線的面板只由兩邊的金屬片卡住展示，而非像其他鋁質上蓋從上而下套入。當中更有部分如圖中所示，在柱位之間裝有2 條橫向欄杆輔助維持秩序。

【第四代：環保透明上蓋】

在 2000 年起，九巴引入第四代「環保巴士站」上蓋，高度約 2.3 米，闊度視乎路面環境介乎 1.1 米至 1.7 米。淺綠色透明上蓋經抗紫外線化學鍍層處理，由鋁質方柱搭建支撐。在日間可以透入天然光，夜間亦可讓附近街燈光線照入上蓋，無須再為上蓋加裝照明燈。因應乘客反映太陽直接照射上蓋時，隔熱能力欠佳，容易令人中暑。九巴由 2003 年起為新建及現有上蓋蓋頂塗上新塗料，減低透光度及阻隔熱力。截至現時九巴共建有約 800 個同類型上蓋，佔有上蓋巴士站的總數約一半。

位於大埔公路北行九肚山路分站上蓋，設有 4 塊廣告燈箱，左側裝有供電箱為廣告燈箱提供照明，右側則設有告示板最多可以張貼 8 張路線資料表或乘客通告。

上蓋後方裝有金屬坑槽收集雨水經導管引到地面，現時第四代上蓋主要建於可以接駁地底電源供電的路段，絕大部分上蓋都已同時裝有廣告燈箱為巴士公司增加收入。

部分上蓋由於建於車坑之間，因此旁邊同時裝有纖維板阻隔廢氣，同時避免乘客於車坑中間橫過造成危險。

新設計的站蓋也同時兼顧到斜路上建站的需要，在秀茂坪及藍田區會較容易找到這款蓋頂呈梯級形的第四代上蓋，中間會由一塊垂直的隔板阻隔雨水。

由 2013 年開始，九巴陸續在較多巴士路線駛經的巴士總站及分站，於站蓋上方裝設大型指示牌標示各個候車月台的編號。

由 2015 年底開始，九巴在 106 個大型轉車站及分站裝設顯示屏，連接實時巴士到站預報系統。顯示屏的主畫面播放廣告及其他多媒體資訊，旁邊有分欄預報巴士開出或抵站的時間。

在觀塘鐵路站巴士總站的其中一個第四代上蓋，可以找到最早將汽水自動售賣機與站蓋融為一體的上蓋，直至 2017 年第二季才有更多類似上蓋出現。

至 2014 年第三季起，九巴開始在部分站蓋的站柱之間加設候車座椅及安裝自動販賣機，後者由站蓋的供電箱供電，成為巴士站上蓋在廣告以外另一商業項目。

【只此一家（一）：太陽能光伏板上蓋】

除了「環保巴士站」上蓋，九巴在 2000 年亦在彌敦道南行聖安德烈堂分站興建太陽能巴士站上蓋，利用頂蓋加裝的 18 塊光伏板轉化太陽能為電力，每塊光伏板可以提供 90 瓦特，為車站燈箱及跑馬燈資訊系統提供電力。

九巴當時表示新建成本約港幣 15 萬，全面採用太陽能光伏板的上蓋須額外多 3 萬。雖然太陽能上蓋無須接駁電源，可以由儲電箱直接供電，但這款太陽能上蓋一直未有廣泛應用，並已在 2017 年下半年拆除所有光伏板。

聖安德烈堂分站之太陽能光伏板上蓋。

取而代之是在 2017 年 11 月推出的「綠色巴士站」，並陸續拓展至九巴旗下 600 個不設電子裝置或難以鋪設供電設施的水泥纖維質坑板上蓋，首個改裝的上蓋為林錦公路東行的鍾屋村分站。改造工程包括在站頂安裝一塊約 1.6 平方米（ 1.6 米長及 1 米闊）的太陽能板及蓄電池，為站牌照明燈及滅蚊器供電，同時更換站牌及為站柱貼上綠色貼紙以茲識別。

釋出藍光的滅蚊器及裝在站牌下的兩盞照明燈會在預定時間開關。

【只此一家（二）：空調候車室】

2002 年九巴在藍田地鐵站巴士總站 42C 線車坑興建全港首個、也是現時唯一一個空調候車室。候車室長 16 米闊 2.5 米，內部採用大面積的玻璃包圍，室內燈光偏黃以減少玻璃反光影響乘客。

候車室內的空間雖然寬闊，但僅設有 4 張座椅，設有 7 塊附有光管照明的雙面廣告燈箱，主要展示九巴的宣傳廣告，內部同時設有八達通讀卡機，可供乘客查閱八達通卡餘值，

藍田地鐵站巴士總站 42C 車坑候車室。

【只此一家（三）：快速充電站上蓋】

為配合超級電容巴士派駐 5M 線，九巴在 2014 年申請在啟德德朗邨總站及牛頭角福淘街加建輔設充電設施的候車亭，最後只有前者獲批並於 2018 年底竣工，成為現時本港唯一供專利巴士充電的上蓋。

上蓋分為兩部分，分別是闊 1.8 米、設有 6 張座椅的乘客候車上蓋以及 5 支淨高 5.1 米的充電支架，可供最多兩部巴士同時充電。

【非九巴興建之上蓋巴士站】

本文由於篇幅所限，只能簡介大部分由九巴自行建造及管理的巴士站上蓋。其實大家在路面上，還會找到其他並非由九巴建造但同樣有候車設施和用途的巴士站上蓋。

這類型的上蓋於錦田一帶較為常見，由於早年途經該處的巴士較為疏落且服務不足，乘客徒步至村口之後還需要候車一段時間。因此部分鄉村的鄉紳就自行於村口巴士站旁建造避雨亭或涼亭，以方便村民，成為別具一格的候車設施。

當然，較近年的例子也包括建於御龍山對出的火炭站分站上蓋，上蓋由御龍山的發展商（即信和置業與港鐵）建造，風格與屋苑看成一體，站蓋同時供巴士及專線小巴乘客使用。

蓮花地分站。

火炭站分站。

7.4 港島巴士站亭

根據政府早年向立法會提交的文件，在 1995 年中巴旗下管理的巴士站共有 788 個，當中只有 123 個設有上蓋。至 1998 年 9 月 1 日中巴喪失專營權後，在旗下車輛移交至新巴的同時，連帶巴士站上蓋等設施均一併轉移。在新巴接手之後，候車環境進一步改善，截至 2011 年中旬，由新巴及城巴建設或管理的巴士站上蓋數目分別為 221 個及 314 個，雖然當中包括新巴城巴服務版圖擴張至天水圍、將軍澳南及西九龍區域，但循數字計算依然以倍數增長。

1940 年代中環碼頭總站，相中 4 條車坑均已蓋有鋅鐵坑板上蓋，至 50 年代隨着總站改建才建有混凝土上蓋。（資料來源：香港公共圖書館）

【第一代：鋅鐵坑板上蓋】

與九龍半島一海之隔的香港島，早期的發展歷程略有不同。初見於巴士站上蓋的其實是鋅鐵坑板上蓋，鋼筋混凝土上蓋要到50年代開始才陸續應用。鋅鐵坑板上蓋設計上靈活多變，鐵通長度及坑板闊度可以根據路面闊度適當修改鋪設，較少受到路面限制，只須在落成之後加上欄杆妥善分隔排隊人流便告完成。

基本上要興建鋼筋混凝土上蓋，路面闊度最少要有 1 米，否則安裝基座之後乘客候車空間就顯得十分擠擁，部分較舊式或闊度不足的路壆就難以興建混凝土上蓋。如是者，鋅鐵坑板上蓋仍然有其派上用場之處，直至 80 年代後期此款巴士站上蓋仍然有新建落成。

北角碼頭巴士總站，最初在 60 年代只有靠近碼頭的 2 條車坑設有上蓋，後來才陸續為其他車坑加建上蓋。

鴨脷洲邨巴士總站同樣以倒 U 型鐵通搭建，中間以欄杆分隔出 2 條排隊行。

跑馬地（上）巴士總站，上蓋僅由鐵通以單邊支撐，與九巴的設計相似。

【第二代：鋼筋混凝土上蓋】

踏入 50 年代人口增長使巴士服務需求同步遞升，因應部分上蓋位處較寬闊的路面，中巴遂陸續於巴士總站興建鋼筋混凝土上蓋供乘客候車，多數會裝設欄杆指示乘客排隊，只有小部分位於南區及中半山的分站建有混凝土上蓋。

在港島區的鋼筋混凝土上蓋，不得不提現時全港唯一一個被評級、也是唯一獲編配門牌號碼的巴士站設施——石澳巴士總站的建築物（石澳村 190 號）。此建築物由中巴建於 1955 年，以政府土地牌照（現為短期租約）形式租用巴士站旁一幅約 210 平方米（即約 2,260 平方呎）的政府土地興建。

建築物由曾著《中國建築古今》的著名華人建築師徐敬直創立的興業建築師設計，地下曾設售票處出售供居民使用的月票及遊人的單程票，後來用作車房及雜物房用途，樓上則為站長宿舍供留宿用（雖然據知牌照及租約用途並不包括住宿），而樓上亦建有陽台伸出候車欄上空作上蓋之用。

整幢建築物樓高兩層，佔地約 27 平方米（即約 290 平方呎），以鋼筋混凝土興建，建築風格可以追溯至上世紀 20 年代的德國包浩斯藝術學院，屬國際現代主義建築風格，設計以簡約實用為主。被擢升為二級歷史建築之後，古物古蹟辦事處曾建議將有關建築物改作遊客服務中心或小商店。不過由於 9 號線在中巴於 1998 年喪失專營權後已由新巴接辦，新巴亦將售票處改作車長休息用，內置車長通告版及飲水機等設施，並於周末及公眾假期安排清潔人員值班，故古物古蹟辦事處的建議變相落實無期，惟地下候車間仍然開放供乘客使用。

石澳巴士總站建築物建於 1955 年，為中巴早於 1951 年開辦的 9 號線（筲箕灣←→石澳）提供站頭服務。2011 年 6 月獲建議為三級歷史建築，至 2013 年 9 月 10 日被評為二級歷史建築。

置富花園巴士總站。

跑馬地（上）巴士總站。

小西灣巴士總站。

【第三代：塑膠三角上蓋】

在 80 年代由於乘客對於候車設施的要求逐漸提高，當年的中巴也為了回應乘客需求而推出設計及用料較為先進的上蓋。

這款上蓋採用三角拱形設計，由頂端屈成三角狀的鐵通作為上蓋支撐，上蓋採用塑膠纖維為主要物料，部分站蓋於兩側留有空格標示停站路線，但由於當時已有站牌標示，故實際作用不大。

現時這款站蓋已逐漸因為老舊而被新巴重建取代，只有小部分仍見於東區及半山區。

大潭道分站。

漁灣村分站。

【第四代：鋁合金上蓋】

踏入 90 年代，鋁合金用料逐漸成為主流，城巴也陸續為旗下分站興建以鋁合金物料搭建的上蓋。新巴於 1998 年 9 月 1 日從中巴手上接過港島區路線專營權後，興建全新巴士站蓋也包括在專營權條款承諾中需要切實履行。

由 90 年代開始陸續見於香港島分站的鋁合金上蓋，長度視乎路面環境而訂，一般高 3 米，闊 1.5 米，設有廣告燈箱。因應個別廣告商展示的需要，大幅廣告燈箱上蓋可以另外加裝光管照明。截至 2016 年底，新巴及城巴共建有約 200 個設供電設施的上蓋。

香港網球中心分站。

車站篷板以鋁合金建造，橫樑兩端留有空位供展示停站路線，電箱及告示板併合後只能顯示少量資料。

位於筲箕灣巴士總站新建於 2013 年，此款車站不設電箱及廣告燈箱，上蓋板角度較平，覆蓋面亦較闊。

中環天星碼頭分站的站牌上增設了太陽能板，在晚間為站牌提供照明，是現時新巴及城巴站牌中少有的設施。

政府在 2016 年施政報告提出撥款 8,000 萬，資助本港專營巴士公司在約 2,600 個巴士站蓋加裝座椅，圖為新巴在薄扶林山道北行分站站蓋加裝的 2 張單人座椅。

聖若瑟小學分站加裝的資訊顯示屏。

【只此一家：鋁質透明上蓋】

2001 年新巴投得將軍澳南路線專營權後，曾派出全新車隊及廣泛宣傳配合路線開辦。與此同時，新巴也於彩明苑分站及興民邨分站興建鋁質透明上蓋，設計與九巴第四代上蓋頗為類似。

上蓋以橙色及綠色為主調，上方裝有鋁質板展示停站路線及途經地點（雖然新巴仍然在旁邊豎立站牌）。有別九巴類似設計，上蓋外緣較為透明，其餘範圍加鋪了直紋遮光物料減低透光度。

彩明苑分站。

7.5 離島巴士站亭

打從 1997 年青嶼幹線通車後，大嶼山對外的交通日見方便，機場及東涌新市鎮也吸引了大量人流，巴士路線發展日漸成熟發達。早於 20 世紀 70 年代開始，新大嶼山巴士公司便已經於島上提供巴士服務，後來東涌新市鎮開發也進一步將路線版圖擴展至小蠔灣。不過，撇除機場及東涌以外，在大嶼山南部的巴士站數目長年保持平穩，至今約有 150 個巴士站，當中近 70% 設有上蓋，比例上絕不比另外三家專利巴士公司遜色。

【第一代：鋼筋混凝土上蓋】

早年大嶼山交通發展由於較為偏遠落後，未有任何陸路交通與大嶼山接駁，出入多依賴往東涌及梅窩的渡輪服務，島上的交通服務也因為居民數目不多而相當有限，僅於周末及長假期才見有人潮，連帶巴士站設施亦相應簡單。直到 1997 年青嶼幹線通車及東涌新市鎮發展之前，嶼巴的服務範圍僅限於由東至西的嶼南區及由南至北東涌道至舊東涌碼頭一段，因此巴士站設施也以嶼南區為較早發展。

基本上現時在嶼南區所見的巴士總站，包括大澳、塘福、梅窩等等都是在 70 年代時以鋼筋混凝土興建的上蓋，排隊位置則由鐵欄分隔。在上蓋頂部的頭尾都裝設了三角鐵架展示大面積的路線牌，標示路線編號及前往目的地。隨着站務設施改善，現時嶼巴在大嶼山所有巴士總站均已裝有電子顯示屏，列出當前時間及未來兩班車的開出時間供乘客參考。

梅窩巴士總站。

【第二代：鋅鐵坑板上蓋】

在 90 年代之前，在大嶼山所有沿路分站只豎立有嶼巴標誌的站牌而沒有標示靠站路線，只有零星的分站（例如舊東涌碼頭總站）設有上蓋。此後因應政府提高對巴士公司的服務要求及履行 1991 年 4 月更新後的專營權條款，嶼巴才陸續為旗下巴士分站加建巴士站上蓋及豎立標明停站路線的站牌。

位於舊東涌道近嶼南路交界的北行巴士站，屬第二代的鋅鐵坑板上蓋。隨着舊東涌道列為禁區不再行車後，此上蓋經已移去。

由於早年鋅鐵及鐵通仍然是廉宜的物料，故此早期的上蓋均採用鐵通架及在上方鋪設鋅鐵坑板，並有設計與九巴及中巴相同。唯一與九巴及中巴不同的是為了配合嶼巴旗下路線較疏的班次，大部分上蓋都附有一張綠色塑膠長椅供乘客安坐候車，設計相對貼心。

【第三代：塑膠圓頂上蓋】

後期興建的塑膠圓頂上蓋，蓋頂採用一幅過設計，依舊設有塑膠長椅供乘客休息。

在 90 年代中後期，嶼巴開始轉用市價較為經濟的塑膠物料鋪設上蓋，支架仍然沿用鐵通。塑膠上蓋呈拱形設計，兩邊設有坑道疏導雨水，提供比鋅鐵坑板面積較廣的覆蓋面，且更為耐用及防鏽，拱頂設計也減少蓋頂堆積樹葉及垃圾的問題。不過與此同時，由於塑膠的散熱較慢，導致在日光長期照射下站蓋下的溫度偏高，設計上始終未臻完善。

【第四代：鋁合金上蓋】

踏入 2010 年代，嶼巴已完成絕大部分可以興建分站的工作。不過在東涌市中心及東涌北，仍然有少數分站未建有巴士站上蓋。隨着用料的轉變，嶼巴在近年新建的上蓋也採用了新設計，拱形蓋頂設計依舊但比第三代更為高和闊，兩邊的坑道就連接排水管導向柱身旁邊，減低對途人的影響。因應上蓋高度提升，為了不阻礙車長及乘客視線，上蓋兩邊都裝有站牌標示停站路線。至於路線資料表就由過去裝在支柱上，改為一塊裝在支柱之間的橫向告示板，設計更為簡潔耐用。

除此之外，巴士站上蓋的設計也有新面貌。新的設計比以往更為簡潔輕巧，雖然依舊採用鐵架搭建支架，但頂蓋就採用了強化透明物料。新設計的上蓋進一步加設了靠欄，供乘客在站立時倚在欄上，上方的空間也善加利用作廣告燈箱及告示板，唯一與之前見過的巴士站上蓋不同的是廣告燈箱不設光管照明，站蓋也沒有任何供電設施。

2012 年嶼巴在裕東苑分站興建的候車上蓋，站蓋兩邊都裝有站牌，路線資料表就收納在中間的告示板內。

第八章

巴士站牌掌故

站牌的發展一如巴士站上蓋的發展都由總站開始，早年的站牌主要見於巴士總站指示乘客到不同的車坑上落，中途分站多數只設置標示巴士公司徽章的站牌。直至 60 年代中巴及九巴才開始推出列有停站路線編號的站牌，或於站柱標示停站路線編號。

站牌的設計隨著時日發展，從站柱到站牌設計上都在時代演變中有所改變。除了標示路線編號之外，也視乎站牌空間提供途經地點及方向等資訊便利候車乘客。由於款式眾多，本文僅盡量列出較主要的款式。

早年九巴只以此牌作站位標示，紅框白底的設計由 60 年代以來都一直未變。

1966 年上環街頭，早年中巴的站牌只標示巴士公司徽章，在站柱再另行標示停站路線供乘客識別排隊候車。（資料來源：香港公共圖書館）

今天每間巴士公司的站牌都有特定設計。

8.1 九巴站牌

【總站橫幅】

大部分九巴製作的總站橫幅都採用長方形紅框設計，路線編號及途經地點採白底黑字，終點站名在中間欄就以黃底黑字，只有少數橫幅整塊採用白底黑色。

【總站及分站站牌】

90 年代

在 90 年代製造的站牌仍然以人手繪製，中文字體以隸書書寫，英文字體及數字則採用模印或手繪，至後來採用電腦字體繪印才轉用黑體，並在九巴標誌下方印上「九巴服務 日日進步」字樣。

90 年代

千禧年代

踏入千禧年代，九巴陸續為旗下站牌下方加裝印有站名及分站編號鐵牌，同時為新造的站牌加設方格，視乎字體大小而訂由 4 格至最多 20 格不等，部分的分站因應停靠路線較少採用分欄連帶路線方向一併展示。

直至 2011 年 7 月九巴為推出新站牌設計，將站名鐵牌與站牌整合，原有的「巴士站」及「BUS STOP」字樣不復再見。

踏入 2017 年，新造的站牌未再見有「九巴服務　日日進步」字樣。值得留意九巴自 2014 年開始為部分路線開辦與主路線編號相同的特別班次，在這些只有特別班次才途經的分站，站牌上會印上「特別班」以茲識別，路線編號字體亦會相應縮小。

千禧年代

2011 年 7 月起

2017 年起

特別站牌

1. 智能先鋒

2002 年 1 月九巴在尖沙咀碼頭 5C 線站頭裝設全港首個數碼互動巴士站，隨後也於油麻地碧街北行分站及文明里北行分站設有同款站柱。巴士站設有 3 塊液晶體顯示屏，在站名上方的顯示屏則展示 5C 線下班車開出時間及收費，站名下方的顯示屏則顯示新聞、財經、交通及天氣消息，最底一塊輕觸式屏幕以連接寬頻的電腦顯示九巴網頁供乘客查詢詳情。但由於成本高昂加上反應未如理想，此站已於早年停用大部分功能。

2. 夜光水晶站柱

2009 年 12 月聖誕節九巴推出夜光水晶站柱，站柱以不銹鋼為質料，高 2.83 米，比傳統設計略高 5 厘米。站牌採用方形設計，底部釘有金屬牌寫有站名及分站編號。路線資料表採用 4 面設計，可作 360 度旋轉，由矽能蓄電池供應電力予站柱的 LED 光管，附有計時器僅於晚間取電照明。

3. 一牌兩巴

儘管九巴及龍運同屬載通集團，但站牌一般都會分開裝設，不過在元朗一帶礙於站位缺乏空間分別安裝站柱，九巴及龍運路線遂併合在同一站牌。

4. 內嵌供電設施

九巴於 2017 年中在金鐘道西行太古廣場分站加裝首個內嵌供電設施及顯示屏的站柱，主體設計與過往的數碼互動巴士站相若。

5. 月票登記功能

為配合在 2018 年 3 月起推出的月票計劃，九巴在同年 2 月起陸續在新界及九龍多個巴士總站及主要分站設置銷售點，沿用水晶站柱的設計，並裝有八達通讀卡機為乘客辦理月票登記手續。

6. 智能站牌陣

新世界集團完成河內道 18 號重建項目後，預留了供電設施供九巴安裝多支配顯示屏的站柱，除了展示電子版路線資料表外亦包括其他乘客資訊。

7. 彌敦道別注版站牌

九巴特別在彌敦道換上特別設計的站牌，標明所在地區以及路線方向，更於 2021 年陸續為沿路站牌編配候車月台編號。

8. 太陽能站柱

九巴在 2019 年 1 月在窩打老道北行青年會分站，安裝首支太陽能站柱。站牌下方的採光板會在日間採集太陽能，並於天色變暗時自動亮燈，為下方的路線資料表提供照明。

9. 車費回贈

九巴在 2020 年 8 月，於屯門、元朗及大水圍推出區域短途分段收費計劃（其後推廣至將軍澳區）。乘客需在下車時於分站上蓋加設的讀卡機拍卡，以享有車費回贈。

8.2 龍運站牌

在 1997 年龍運開辦初期由於旗下路線不多，配合營運需要站牌採用相對簡潔的設計，只備有 3 行空間。注意在站名上方列出了街道中英文名，但由於字體太小並不容易察覺；部分總站路牌同時標示途經地區及全程收費。

某些分站由於停站路線較多，故設有高身版可以分 5 行展示，留意 A 線與 E 線的路線編號色彩有別；至 2011 年 8 月龍運推出新站牌，除了在標誌上加上「龍運巴士」字樣外，底部的電話熱線也轉為龍運自用的熱線號碼。

2016 年 6 月龍運公布轉用新一代公司標誌，以中文「龍」字和英文縮寫「LWB」組成，設計與同屬載通集團姊妹公司的九巴相似。不過大批印有舊龍運標誌的站牌仍然沿用，至於站牌顯示方式則由同年 11 月起有所改動，包括將不經機場後勤區直接前往機場的 A 系路線以藍底黃字放大展示，途經北大嶼山及機場後勤區的 E 系路線、於午夜或通宵行走的 N 系路線及來往迪士尼樂園的 R 系路線則只顯示路線編號。

在轉換新公司標誌後新造的站牌，統一採用九巴在 2011 年 7 月起沿用的設計，路線資料板則沿用龍運標誌的橙色主色。兩者分別僅僅在於轉換站牌頂端的標誌，展示方式與上述大致相同，早期所有路線不論系列皆以白底黑字印製，後來才按路線性質區別。直至 2020 年第一季，龍運再度用上以往的站牌配上新標誌，並以湖水藍底色展示 A 系路線以及放大往機場方向的站牌字體，方便乘客識別。

8.3 嶼巴

嶼巴在 90 年代之前站牌只簡單標上嶼巴標誌示意車長停站，一直到 90 年代才開始出現標有停站路線的站牌，採用九宮格設計，至今仍然沿用，部分設於總站的站牌同時標明平日及假日收費或服務時段方便乘客。直至 2011 年嶼巴推出新款站牌，接合位於站牌側邊而非底部，設計與其他巴士公司看齊，但這款站牌仍然未有取代舊有款式的跡象，只見於少數分站。

8.4 城巴站牌

【總站橫幅】

一直以來總站橫額的設計都是大同小異，在 90 年代的橫幅更會提供查詢熱線及圖文傳真號碼，但隨著互聯網普及，新款的總站橫幅已經轉為巴士公司網站，同時加上總站名稱。

【總站站牌】

早期位處巴士總站的站牌設計簡潔，只貼上路線編號標示。後來的設計則相應放大路線編號字體，並加上方向甚或服務時段方便乘客查閱，不過偶爾會因為設計問題而出現「畫中畫」的怪現象。

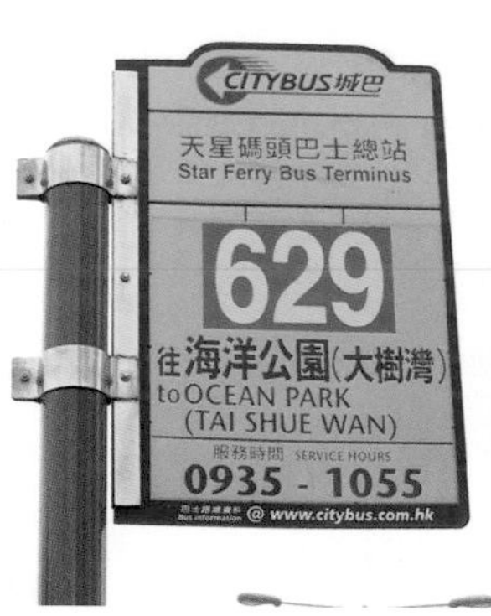

而在千禧年代設計的站牌則糅合上述總站橫幅的優點，在站牌上展示途徑地區及宣傳標語。

【分站站牌】

1993 年開始營運港島區路線的城巴，早年設計的站牌以美觀為主。在城巴標誌下方印有雙層空調巴士圖案，強調用車新穎，站牌只有一半面積展示路線編號；90 年代末的站牌由 9 格擴充至 12 格，巴士圖案由分站及街道名稱取而代之，並以公司網址取代電話熱線。

個別分站例如聖保祿醫院更設有「機關」，分站停用時可以翻動站牌上的雙面掩板，方便前線人員管理經常受改道安排影響的車站。

踏入千禧年站牌設計隨停站路線及營運需要作出彈性設計，甚至會寫上開車時間方便乘客查閱，而有些因路面空間有限而未能裝設橫幅的總站，亦會使用站牌。

千禧年起選用的站牌有 12 格標準版及 21 格加長版兩種版本，另配 6 格面板因應需要加扣在站柱上。一些與城巴機場快線（A 系路線）共用站柱的站牌，會視乎路線方向與城巴其他路線調換主次展示，在往機場方向的分站優先展示 A 系路線站牌。

【城巴機場快線 / 龍運及城巴聯營】

城巴轄下所有北大嶼山路線都未有特別款式的站牌，只有機場快線（A 線）才有紅色主調的特製站牌，當中 A10 線（鴨脷洲←→機場地面運輸中心）在港島所有往機場方向站牌都標有大約到站時間供乘客預留候車時間；另一條城巴與龍運合營的 R8 線（迪士尼樂園←→青嶼幹線收費廣場【循環線】）則罕見地見有同時出現兩巴標誌的站牌，有別於只標示在其中一家營辦商站牌的常態；在機場島上大部分的分站都已經在行人路上建有 2 條分開站柱，分別供龍運及城巴標示停站路線，只有另一家專利巴士公司嶼巴需要自行豎立站牌。

8.5 新巴站牌

【總站橫幅】

新巴的總站橫幅與城巴設計大同小異，形狀上屬拱頂長形，頂部有新巴標誌及總站名稱，同時標有路線編號、另一邊總站名稱及途經地點。留意「牛頭角港鐵站」的站牌以電腦打印然後再貼上，不論中英文字體均與另外兩張有分別。事實上以電腦打印再貼到站牌取代原先樣式的做法，在新巴及城巴都相當普遍。

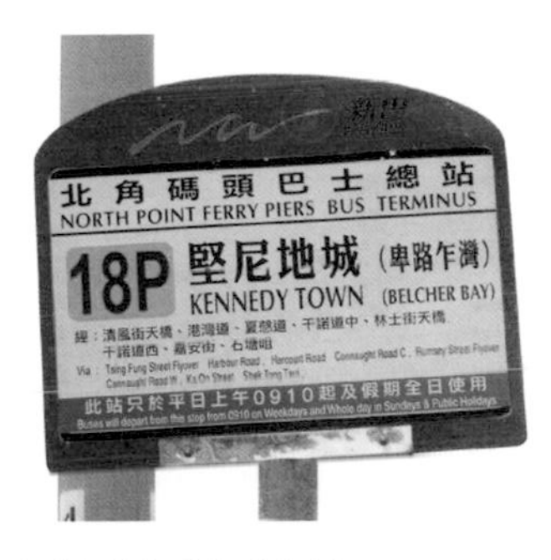

【分站站牌】

1998 年新巴從中巴手上接過專營權後，站牌初期設計較為簡單，設有 20 格只標明停站路線，就算設在總站的站牌也採用同款設計。部分站柱會同時掛上面板宣傳詳列個別路線的途經地區，或掛上鐵牌提示車長該站屬必停站。早期的總站站牌及個別分站站牌亦會因應較少路線停靠，將路線號碼大小放大至佔用 4 個細格顯示；2003 年城巴被新巴母公司新創建收購後，為節省成本會視乎靠站路線數目共用站柱站牌，但像「半見村站」所示整合於同一塊新巴站牌內則較少見。

後來新巴改善站牌設計，推出 9 格及 15 格站牌，尺寸上較高令字體更為清晰，分站名稱下方同時加上街道名稱，部分站牌空間若充裕更會加入路線方向。2011 年開始新巴推出站牌，重返最初橙紅色底色，省略站牌的格網令站牌展示的資訊更具彈性。

新巴及城巴在 2006 年於金鐘道東行金鐘廊對開路面裝設資訊站，外型與新巴其他站牌相同，顯示停靠附近巴士站的起訖點方便乘客查閱。

新巴在 2009 年開辦「人力車觀光巴士」路線 H1 線（懷舊之旅）及 H2 線（動感之旅），並配用全新款式的站牌及站柱，站牌及路線資訊表採用與開篷巴士車身色彩一致的紫色。雖然 H2 線已在 2014 年取消及與 H1 線合併，但在此路線於九龍區新增的站牌，仍然見有「懷舊之旅」的標誌。除此之外，新巴及城巴都設有一些功能性站牌，包括在港運城及北角碼頭巴士總站分別設置的輪椅使用者候車處及落客站站牌。

第九章
巴士迷術語

各行各業都有自己業界的一套流行術語，巴士行業也不例外。本章收錄有關巴士的術語，並分門別類及附上圖片說明，使讀者有更深層次的了解。

9.1 公司篇（按筆劃序排列）

本港合共5家專利巴士公司，按照政府發出專營牌照時的經營條件，為指定的地區提供專利巴士服務。而在巴士車長之間以至巴士迷，為了方便稱呼個別巴士公司之緣故，亦為個別巴士公司的名稱作縮寫簡稱。很多時候，當一款車型同時於多間巴士公司出現時，利用巴士公司的簡稱便能避免不少溝通上的誤會。在下面列出的，除了是專利巴士公司以外，亦為部分較大型及集團式的非專利巴士公司提供簡稱解義。

【筆劃數】	術語	解義
【02】	九記	九龍巴士（一九三三）有限公司
【04】	中記	中華巴士有限公司
【08】	老記	冠忠巴士集團
【09】	城記	城巴有限公司
	皇巴	新香港巴士有限公司（前稱藝東有限公司）
【11】	魚蛋灣	愉景灣巴士有限公司
【13】	新記	新世界第一巴士有限公司
【16】	嶼記	新大嶼山（一九七三）巴士有限公司

愉景灣巴士巴士取其諧音為魚蛋灣。

9.2 車廠篇（按筆劃順序排列）

一直以來，除了少部分巴士在深夜會停泊在巴士總站外，大部分巴士在晚上收車之後都會返回車廠泊車，完成一天的工作。在本港，只有九巴、龍運和城巴這3家專利巴士公司，有為每部巴士編上由其所屬分廠代表的英文字母在車頭擋風玻璃左下角。這樣的編排，可以使在車務的調動上避免了無謂的跨廠調配。而新巴及嶼巴由於旗下車廠較少，故未有為個別車廠標示指定屬廠。而在有關車廠的術語中，大部分都是由車廠所屬的英文代號及其位置縮寫而成。

【筆劃數】	術語	解義
【00】	80廠	九巴屯門車身裝嵌廠
	81廠	九巴屯門分廠
	82廠	九巴屯門總修中心（KMB Overheal Centre, KOC）
	E廠	城巴柴灣分廠
	KOC	通82廠
	K廠	九巴九龍灣分廠
	L廠	九巴荔枝角分廠
	N廠	城巴火炭分廠
	S廠	九巴沙田分廠；城巴鴨脷洲分廠
	T廠	龍運／城巴東涌及小蠔灣分廠
	U廠	九巴／城巴屯門分廠
【02】	九廠	通K廠
【04】	屯廠	通U廠
	屯南廠	九巴屯門南分廠
	水廠	九巴上水分廠
【06】	西九廠	九巴／新巴西九龍分廠
	先進廠	通K廠
【09】	皇帝廠	通K廠
【10】	閃廠	九巴將軍澳分廠
	荔廠	通L廠
	柴廠	城巴柴灣分廠
【11】	兜廠	通U廠
	蛇廠	通S廠
【12】	黃廠	城巴黃竹坑分廠
	創富廠	新巴柴灣創富道分廠
【13】	新荔廠	九巴西九龍分廠

9.3 人物稱謂篇（按筆劃順序排列）

在過去，巴士公司的階級觀念較為明顯，職員之間均會按年資而區分互為圈子，加上當時不同的職階均會有不同的肩章，使巴士職工之間互相出現了很多界別性的稱謂。而由於當時前線的車長屬多數，加上凝聚獨立成為一股勢力，故對其他階級均有一些負面的稱謂。不過，隨著有巴士公司在 90 年代開始鋭意將巴士公司職位專業化，由「司機」改稱「車長」及改以制服區分職級後，加上職工年輕化，巴士職工之間的區別便開始出現了改變，漸見平等。

【筆劃數】	術語	解義
【03】	三叔/ 嬸	新巴新入職的男/ 女車長：以其帶 3 字開頭的車長編號命名
【04】	木頭	站長：當年的站長需坐在木造的站長亭內，加上亭內空間較窄，因而得名
	六叔/ 嬸	在 2000 年後九巴新入職的男/ 女車長，以其帶 6 字開頭的車長編號命名
【05】	老二	稽查人員
	卡佬	巴士車長：取「Car」的諧音混以「巴士佬」縮寫命名
	加餸	巴士車長家屬：取「家屬」諧音命名，過去常在登車時以此稱呼代替出示家屬免費乘車證
【06】	收銀	巴士車上售票員
【07】	車手/ 神	開車較快的車長
	返圈	編休員工申請於休班日上班
【08】	青衣	見習主任：取其英文職銜「Trainee」諧音命名
【09】	南風腳	開車較慢的車長的貶稱，指腳如南風起時「鑊鑊立立」，兩腳無力，因而駕駛緩慢
	便衣	稽查人員
	風琴腳	行車不穩定，時加油時煞車，以拉風琴時一收一拉的手勢命名
【10】	師兄	男車長
	師姐	女車長
	師傅	資深男車長
【11】	喲打佬	通「老二」，見本欄 5 劃，以其當年白色的制服顏色，與殯儀館樂手裝束相似命名
【12】	碌神	開車較慢的車長

【筆劃數】	術語	解義
【13】	閘王	巴士守閘員
【14】	維記	站務助理：由於站務助理主要負責維持候車秩序及協助巴士埋站，故因而得名
	綠衣人	通「收銀」，見本欄 6 劃，以其當年綠色的制服顏色命名
【15】	賣血	退休員工申請額外工作
	輪空	後備車長：由於部分後備車長須先在車廠等候，待部分車長缺班後再補上，故因而得名
【16】	鋸王	通「閘王」，見本欄 13 劃
【20】	鹹魚	巴士車長對乘客的貶稱

雖然有些巴士員工的稱謂略為「粗鄙」，但很有親切感。

因著巴士車長有不同的駕駛風格，也有不同的綽號。

9.4 裝備篇（按筆劃順序排列）

在過去，巴士公司的階級觀念較為明顯，職員之間均會按年資而區分互為圈子，加上當時不同的職階均會有不同的肩章，使巴士職工之間互相出現了很多界別性的稱謂。而由於當時前線的車長屬多數，加上凝聚獨立成為一股勢力，故對其他階級均有一些負面的稱謂。不過，隨著有巴士公司在90年代開始鋭意將巴士公司職位專業化，由「司機」改稱「車長」及改以制服區分職級後，加上職工年輕化，巴士職工之間的區別便開始出現了改變，漸見平等。

【筆劃數】	術語	解義
【00】	FC 櫈	Fainsa Cosmic 座椅
	L 櫈	Lazzerini 座椅
	V 櫈	Vogelsitze 座椅
【03】	大銀幕	低地台巴士車頭的一幅式擋風玻璃
【04】	午餐肉	龍運普通版橙紅色座椅
	水塘	下層落車門後方的大面積企位空間

FC 櫈
（Fainsa Cosmic 座椅）

L 櫈
（城巴 Lazzerini 座椅）

V 櫈
（九巴 Vogelsitze 座椅）

大銀幕

午餐肉

水塘

【筆劃數】	術語	解義
【05】	功課紙	巴士車長的行車紀錄表，列明該工作天車長所有要駕駛的路線及編定開出時間
【07】	快餐櫈	通「L 櫈」，因座墊偏硬似快餐廳坐椅而得名
	改牌	在膠牌上利用紙張遮蓋增刪字母來改變路線號的顯示
【08】	乳豬紙	巴士路線資料表
	乳豬盤	放置巴士路線資料表的告示板
	波板糖	巴士站站牌
【09】	咪錶紙	通「功課紙」，見本欄 5 劃
【10】	師傅表	通「功課紙」，見本欄 5 劃
【14】	圖書館	總站放置膠牌的櫃
【15】	撈粥	巴士上的路訊通（RoadShow）系統，以其「RoadShow」諧音命名
	導航位	駕駛室左邊的首排座位
【16】	擋箭牌	巴士車頭的水箱：因舊式前置引擎巴士的水箱面積較大，可抵擋撞擊，因而得名
	龍虎豹	《今日九巴》

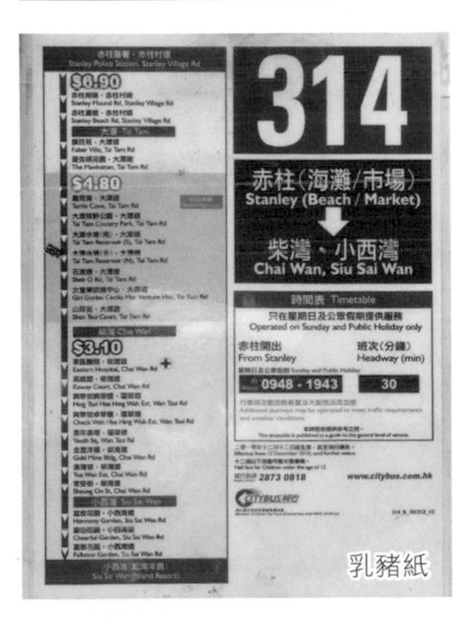

乳豬紙

波板糖

導航位

9.5 車系車身篇（按筆劃順序排列）

為了應付車隊中個別車型的老化，每年巴士公司均會將車齡漸高的巴士退役，換以較新型的巴士投入服務。同時為了增強巴士公司與車廠購車的議價能力，巴士公司在購車時均會廣泛購入不同車廠的出品，以免令車型及零件過度單一化。在本港的專利巴士車型中，便見有多款由不同車廠出產的車系，配以不同車身配搭組成的巴士行走，以應付個別巴士公司的喜好，或是應付服務地區路面環境的限制。

【筆劃數】	術語	解義
【03】	大水箱	配 Plaxton 車身的富豪奧林比安空調 12 米
【05】	白水箱	英國 Tilling Stevens 車系
	白車/ 板	泛指九巴所有非低地台空調巴士
【04】	火箭	薛頓（Seddon）車系
【07】	車皇	平治梅斯得斯 O305 型
	男人	猛獅（MAN）車系
	李老闆	利奧普林（Neoplan）車系
【08】	亞記	泛指配亞歷山大（Alexander Bodywork）車身巴士
	直	泛指配直樓梯設計的低地台空調巴士
	金車	泛指九巴所有配香檳色的低地台空調巴士
【09】	都	都城嘉慕（Metro-Cammell Weymann）車系
【11】	豬	通「超豪」，見本欄 12 劃
	蛋撻	通「德仔」，見本欄 15 劃
【12】	超豪	超級富豪奧林比安（Volvo Super Olympian）車系
【13】	禍根	泛指配傲群（Volgren）車身巴士
【14】	豪	富豪奧林比安（Volvo Olympian）車系
【15】	德仔	丹尼士達智/ 飛鏢（Dennis Dart）車系
【16】	撻仔	通「德仔」，見本欄 15 劃
	龍	丹尼士巨龍（Dennis Dragon ）車系
【17】	聲噪	通「李老闆」，見本欄 7 劃
【18】	雞	利蘭勝利二型（Leyland Victory II）車系
	雞㑳	紳佳/ 世冠（Scania）車系
【20】	躉	丹尼士三叉戟（Dennis Trident）車系
	寶	丹拿/ 利蘭珍寶（Daimler / Leyland Fleetline）車系
【21】	蘭	利蘭（Leyland）車系
	鐵甲威龍	丹尼士 Enviro500（Dennis / Alexander Dennis Enviro500）車系
	鐵板燒	通「都」，見本欄 9 劃

9.6 車型篇（按筆劃順序排列）

在基本述及個別巴士車型的術語之中，主要均由上述的詞彙作基本組成，再按照有關車型的屬性，例如選用的波箱、車身、車廂配置的企位空間，例如配特大企位空間（水塘）的丹尼士巨龍（龍），便會被稱呼為「水塘龍」；配 TD102KF 引擎的富豪（豪），又會被稱呼為「TD 豪」；可見其配搭多變，當中亦富含用家的創意。因篇幅有限，故本欄並沒有全數收錄因配用的引擎或波箱而衍生的稱謂，讀者亦可自行發掘。

【筆劃數】	術語	解義
【00】	E 蛇龍	配 ES 車牌，或泛指配前期 W57 型車身的九巴丹尼士巨龍（S3N222-270）
【03】	土炮	配捷聯車身的城巴 B6LE（#1332-1361），以其車身於本地製造而得名
	大冂蘭	配上富豪車咀的九巴利蘭奧林比安空調 11 米（AL136-150）
	大水牛	九巴 AEC Regret V 型巴士
	大白豪	九巴富豪奧林比安空調 12 米（3AV）
	大白龍	九巴丹尼士巨龍空調 12 米（3AD）
	大肚婆	配 Wright 車身的超級富豪奧林比安空調 12 米，又稱前衛巴士（AVW），以其圓形車頭設計而命名
	小多	丹尼士多明尼達 9.4 米

E 蛇龍（九巴丹尼士巨龍）

土炮（城巴 B6LE）

大口蘭（九巴利蘭奧林比安）

大白豪（九巴富豪奧林比安）

大白龍（九巴丹尼士巨龍）

水塘都
（九巴都城嘉慕）

老虎豪
（九巴富豪奧林比安）

老虎頭
（九巴利蘭奧林比安）

坦克蘭
（九巴利蘭奧林比安）

【筆劃數】	術語	解義
【04】	水塘都	配有特大企位空間（水塘）的都城嘉慕（九巴 S3M1-45）
	水塘龍	配有特大企位空間（水塘）的丹尼士巨龍（九巴 S3N1-55）
【05】	平頂寶	配 Baco 車身的丹拿珍寶 FE33AGR 型，以其平直四方的車頭設計而命名
	四方盒	通「平頂寶」，見本欄 5 劃
【06】	吉都	配吉拿引擎的都城嘉慕
	吉龍	配吉拿引擎的丹尼士巨龍
	吉蘭	配吉拿引擎的利蘭
	老虎豪	配改良版亞歷山大 RH 車身的富豪奧林比安非空調 11 米（九巴 S3V）
	老虎頭	配改良版亞歷山大 RH 車身的利蘭奧林比安非空調 11 米（九巴 S3BL421-470；中巴 LM）
	老虎蘭	通「老虎頭」，見本欄 6 劃
	多仔	通「小多」，見本欄 3 劃
【08】	長牛	丹拿 D 型
	長龍	丹尼士巨龍非空調 12 米
	坦克蘭	配康明斯 LT10 引擎及 Voith 波箱的利蘭奧林比安非空調 11 米（九巴 S3BL371-420），以其行車聲命名
【09】	鬼車	配康明斯 LT10 引擎及 ZF 波箱的九巴利蘭奧林比安非空調 11 米（S3BL264-272），以其行車聲命名
	威扒	通「大肚婆」，見本欄 3 劃，以其英文「Wright」之諧音命名

開龍 密龍

平頂寶（棺材車）

假豪

笑臉直

龍仔

【筆劃數】	術語	解義
【10】	烏嘴狗	丹拿 A 型，以其黑色車咀命名
	烏蠅	城巴豪華機場巴士（Cityflyer）
	笑臉直	配亞歷山大 Enviro500 MKII 車身的丹尼士 Enviro500
【11】	棺材車	通「平頂寶」，見本欄 5 劃
	假豪	配富豪版亞歷山大車身的利蘭奧林比安
	康都	配康明斯引擎的都城嘉慕
	康豪	配康明斯引擎的富豪
	康龍	配康明斯引擎的丹尼士巨龍
【12】	開龍	配都普 W60 車身的九巴丹尼士巨龍非空調 11 米（S3N320-369）
	黑金剛	配都普車身的丹尼士喝采型巴士
	短豬	九巴超級富豪奧林比安空調 10.6 米（ASV）
	短豪	城巴富豪奧林比安空調 10.4 米（#239-248）
	短薑	丹尼士三叉戟空調 10.6 米（九巴 ATS；新巴 #1600 系、#3601；城巴 #2700；港鐵 #700 系）
	短龍	九巴丹尼士巨龍空調 9.9 米（ADS）；城巴丹尼士巨龍空調 10.4 米（#700 系）
	密龍	配改良版都普 W57 車身的九巴丹尼士巨龍非空調 11 米（S3N271-319, 370）
【13】	圓頂寶	配亞歷山大或 Metal Sections 丹拿珍寶 CRG6 型，以其半圓形車頂命名
	矮薑	配都普矮版車身的新巴丹尼士三叉戟（#3300 系）
【16】	龍仔	通「短龍」，見本欄 12 劃

9.7 車務篇（按筆劃順序排列）

除了車型出現有不少有趣的稱呼之外，巴士車長間常見的術語及特別稱謂，跟車務的安排和調動也甚有關係。因此本部分之中關於車務的術語也佔分不少，除了有少部分屬制度上的稱呼外，大部分也是行車習慣及車務調動上的術語。值得一提的是，部分術語如「三劃黃」（3 劃）、「炒故衣」（8 劃）、「咬佢一單/ 轉/ 鑊」（9 劃）及「釣魚」（11 劃）的術語，已屬上世紀 60-70 年代常見的稱呼。隨著有關職位及違規行為分別被取消及取締，迄今已不復見。

【筆劃數】	術語	解義
【00】	COF	檢驗汽車機械及格証書（Certificate of Fitness）
	COR	機動車輛全面檢驗及格証書（Certificate of Roadworthiness）
	tup 車	指車長上午及下午繁忙時間中間的休息時間
	port 車	指車長投訴駕駛巴士有問題，需要維修
【01】	一單	由 A 總站單向開到 B 總站
	一粒	即一分鐘，常以形容車長提早開出班次（即『打大』，見本欄 5 劃）
	一轉/ 鑊	由 A 總站開到 B 總站，再回程開到 A 總站
【03】	三劃黃	實行一人售票模式的巴士。當年九巴一人售票模式實行初期，車頭會有三條黃線以資識別，因而得名
	大兩味	駕駛「兩味車」的車長
【04】	水牌	寫有巴士停泊位置的告示
【05】	打大	比預定時間提早開車
	打仗車	在繁忙時間特設的加班車
	失更	無法於指定時間/ 遲到上班
	加三車	泛稱所有車長十一米以下單層巴士，屬九巴舊制長期合約車長支薪標準
	加三點五車	泛稱所有車長十一米以上單層巴士，屬九巴舊制長期合約車長支薪標準
	加四車	泛稱所有車長十一米以下的雙層巴士，屬九巴舊制長期合約車長支薪標準
	加五車	泛稱所有車長十一米以上的雙層巴士，屬九巴舊制長期合約車長支薪標準

【筆劃數】	術語	解義
【06】	字軌	規定的用車及有預定的行車時間表
	先進牌	經車長訓練學校駕駛導師教授 Neoplan 車系駕駛訓練後，獲得公司內部車型駕駛許可的車長；屬九巴內部派更制度安排，車型駕駛許可並不會於運輸署發出的駕駛執照上紀錄
	孖地	接連 2 天休息，取「孖 day」之諧音
	孖擔	即中軸及尾軸合稱，通「加四車」及「加五車」，見本欄 5 劃
【07】	私牌	暫停載客
【08】	拉車	從另一條線臨時抽調車輛行走，常見於解決脱班情況
	直蛇	按假日時間表的「兩味車」（見本欄 8 劃），中間不設任何「tup 車」時間（見本欄 0 劃）
	兩味車	只於上、下午繁忙時間服務的巴士，中間設有「tup 車」時間（見本欄 0 劃）
	兩味線	只於上、下午繁忙時間服務的路線
	炒故衣	指售票員將過期或報廢的車票再賣給乘客圖利
【09】	柯打	指定該用車在特定時間抽調至另一條線行走
	咬佢一單 / 轉 / 鑊	指車長藉機開少一單/ 一轉車
	追更	加快行車趕往總站，以準時交車予夜更或接手另一部巴士行走
【10】	砵車	通「port 車」，見本欄 0 劃
	特見	掛牌用車以外的派車
【11】	頂閘	巴士滿座
	蛇車	通「兩味車」，見本欄 8 劃
	掛牌	編定指定字軌的用車
	偷撻 / 偷士撻	通「打大」，見本欄 5 劃
	釣魚	違規將錢箱內的錢以工具挑出，屬偷竊行為
【13】	跳飛機	指車長需於同一更內駕駛超過 1 條路線，以及超過 1 部巴士，常見於新巴及城巴車務
	跟線	由廠務人員駕駛巴士示範路線行程，以便日後編排車長駕駛該線，車長只需觀察，無須負責駕駛
	攪牌	攪動膠箱切換路線牌，亦指因行車過時而需到指定地方繼續行程追回時間

【筆劃數】	術語	解義
【15】	調頭	因逾時返回總站又不足以「私牌」到對面總站開出，為免閒置總站而由站長指示車長駕駛巴士到指定地方調頭，再回程返回總站
	廠車	由廠務人員駕駛的加班車，又通員工接送車
	踢車	因總站泊車過多而提早開車
	鋤孖地	申請一天醫生假後，再接連一天休假
	劈車	巴士車長在工作期間因私人/ 緊急理由提早離開
【16】	操車型	由車長訓練學校駕駛導師訓練車長駕駛某車型，以獲編排該車型駕駛
	操線	由車長訓練學校駕駛導師訓練車長駕駛某路線，以獲編排該線駕駛
	龍門客棧	巴士車長的聚腳點
【18】	斷纜	班次嚴重脱班
	擺街	行車時因巴士拋錨/ 突發原因而停泊路邊
【19】	爆車	因班次不足而提早開車
【21】	攝車	A 線字軌/ 掛牌車於固定時間以加班車身份行走 B 線
	續線	當車長未獲安排駕駛某路線近兩年，派更部會安排一日給車長駕駛該線，以繼續獲編排該線，屬九巴內部派更制度安排

頂閘或斷纜，都是乘客不想遇到的情況。

巴士在路面的情況瞬息萬變，
偶有出錯乘客也宜加體諒。